あそびのじかん

こどもの世界が広がる遊びと
おとなの関わり方

PLAY TIME
Mie Shimizu

しみずみえ

英治出版

はじめに

最近、おもちゃ屋さんに行きましたか？

おもちゃのパッケージを眺めていると、発育を促す、頭がよくなる、脳の発達を促す、集中力を育む……そんな文字が躍っています。

そのとおり、遊びは、こどもたちの成長を促すために、とても大切なものです。ですが、「脳の発達のために、このおもちゃを使おうね、さぁ頭よくなろうね」と言われて遊んでも、なんだか、盛り上がらないような気がします。

こどもたちがのびのび遊ばなくなった、と言われて久しいです。

とはいえ、原っぱで冒険したり、裏山や林で虫取りしたり、暗くなるまで野山を駆け回るのが「正しいこどもの遊び方」で、最近のこどもはちっとも遊んでいない、と言われても、こどもたちも困ってしまうことでしょう。

こどもたちがのびのび遊んでいないという現状は、長い時間をかけて蓄積された、いろいろな要因が積み重なった結果のように感じます。

要因のひとつは環境的なものです。裏山や林は言うまでもなく、原っぱや空き地など、こどもが自由に遊べる場所が減りました。ボール遊びができない公園も多く、水遊びや木登りなどは、もってのほか。自由に駆け回れる場所を見つけることはほんとうに難しいのが現状です。

そしてもうひとつは、大人の意識の変化です。大人が、遊びに対しても、「きちんとすること」「正しくあること」「目的を持つこと」「成果を得ること」を求めるようになってきています。

先のおもちゃのパッケージもその一例です。親には、遊びによってわが子の能力の発達を促そう、という目的が生まれるので、「正しく使わなきゃ」「ちゃんと遊ばせなきゃ」という意識がはたらき、意図せずこどもにプレッシャーをかけてしまいます。

こどものための鉄棒教室やかけっこ教室も増えてきました。こういった目的を持った教室は、教え方の上手な先生にきちんと教わって、正しいやり方で練習できるので、成果も目に見えて現れます。できなかった逆上がりができたらうれしいし、五十メートル走の記録が縮まったらやる気も高まります。練習しようという意欲も出るし、苦手だった鉄棒が好きになるかもしれない。

ただ、教室で教わる鉄棒やかけっこは、こどもの自由な遊びではなく、目的を持って取り組み、成果を求める「運動」です。

親としては、「能力を高めてあげたい」「才能を引き出したい」「苦手を克服させてあげたい」と、こどものためを思ってやっているだけで、遊ぶことを否定する気持ちはまったくありません。けれど結果として、こどもの遊びのかたちを、「自由でのびのびしたもの」から、「目的のためにきちんと取り組むもの」へと、変えてしまっているのです。

私は、新卒でおもちゃメーカーに就職し、企画開発の仕事をしていました。

あるとき、自分が開発を担当したおもちゃを、店頭にて紹介するイベントがありました。英語をテーマにしたおもちゃです。

お客さんの親子がサンプルのおもちゃで遊ぶ様子を見ていると、こどもの遊び方は実に自由です。早くクイズに正解しようと、英語の音声にはまったく耳を貸さずにボタンを連打する子。キャラクターの動きが気に入って、何度もくり返してはゲラゲラ笑っている子――と、英語とはまったく関係なく、自分の好きな関わり方で楽しんでいました。

一方、大人たちの多くは、「ほら、マジメにやりなさい」「ちゃんと聴いたらできるよ」と、きちんと正しい使い方を教えようとするのです。

そのとき私は、自分が企画した意図とまったく違う遊び方をするこどもたちを、ほれぼれするような思いで見ていました。ムチャクチャに使ってけしからん、という気持ちは不思議と起こらず、ただ、こどもってこんなに自由に遊べるんだな、勉強不足だったなあ、という自分への反省と、こどもたちが楽しそうに遊んでくれることへのうれしさを感じたのです。

それだけに、親御さんの言葉を聞きながら、「私が英語なんてテーマにしちゃったから、楽しさが大事にされないおもちゃになってしまったのかもなあ」……と、なにやらもやもやした想いが残りました。

その後、縁あって転職し、こどもたちが職業・社会体験をできる場所、「キッザニア東京」の創業に携わりました。

およそ一八〇〇坪の屋内にひろがるこどもサイズの街で、こどもたちが約一〇〇種類の職業・社会体験をすることができる場所です。

この施設の企画・立ち上げの一員としてかかわり、こどもたちと日々接するにつれて、こどもにとって心の底から遊びたいと思って「遊ぶこと」のなかには、「学ぶこと」も含まれているのだと、深く感じるようになりました。

たとえば、キッザニアで体験できる仕事のひとつ、キャビンアテンダントの仕事を行なうこどもたちは、おもてなしのためのお辞儀を学び、アナウンスを学び、救命道具の使い方を学び、お客様へのお食事のサーブの仕方を学びます。

けれどこの「学び」は、こどもたちにとっては、あこがれのキャビンアテンダントになりきるための、何より楽しい「遊び」なのです。

やりたい、と思う気持ちが学びを楽しみに変え、楽しい、と思う気持ちが学びの質を高めます。「遊び」であり、でも「学び」でもある、何よりわくわくするような体験をするこどもたちで、連日キッザニアはにぎわっていました。

キッザニアでこどもたちの様子を見ていると、こどもたちが遊びのなかから実に多くのことを得ていることに気づきます。

それは、仕事のための知識という「学び」にとどまりません。初対面のこども同士の助け合い、難しいことも最後までやりきろうとする意欲など、私たちスタッフが何も言わなくても、こどものなかから何かが湧き起こり、「成長している！」と感じる場面に何度も出合いました。

保護者の方たちに、このすばらしさをお伝えしたいと、「キッザニアで、こどもたちのどのような力が引き出されるのか」を、なんとかわかりやすい言葉にしようと苦心した時期もありました。

けれど、こどもたちは、実のところ、何かを学ぼう・成長しようと思っているわけではありません。キッザニアという場で、自分のやりたいことに夢中になって取り組んでいるうちに、結果として「成長」が後からついてきていたのです。

こどもたちの遊びとかかわっていると、こどもたちは自由な遊びを通して、生きていくために必要なものを得ていることに気づきます。

けれど、こどもたちにとって、「何かを学ぶ」ことは目的ではなく、自由に楽しく遊ぶことが目的。学びや成長は、後からついてくる結果に過ぎないのです。

その順序をまちがえると、せっかくこどもが自分から何かを得るチャンスを、うっかり奪ってしまいかねません。

そして今、遊びに対して、きちんと・正しく・成果を上げよう、とする親たちの意識は、本来の想いとは裏腹に、こどもがのびのび遊び、学ぶチャンスを減らしてしまうかもしれない、と懸念しています。

わが子に良いものを提供したい、と思うのは、親なら当然のこと。その当然の想いを、親子ともに満足できるかたちで実現するには、どうしたらいいのでしょう。


こどもが自由にのびのび遊ばなくなった、という問題に向き合うとき、私たち大人はどうしても、自分のこどものころの遊び環境を元に考えてしまいがちです。

新しい公園ができても遊具がなく、こどもが遊べなくてかわいそう、と嘆く大人もいれば、遊び方が決まっている遊具なんてなくていい、こどもは何もない公園でも遊べなくてはいかん、と主張する人もいます。整備された公園はもはや自然環境ではなく、本来こどもは原っぱや林のようなほんとうの自然の中で遊ぶことが望ましいと考える人もいます。

でも、遊び方に正解はありません。

遊びや、遊び環境のあり方が正しいかまちがっているかを評価することは意味がありません。

それよりも、与えられた環境のなかで、自分なりになにやら工夫して楽しもうとするこどもの姿を見守ることが、大切ではないでしょうか。

そして時に、「今の環境」のなかで、普段は得られないようなちょっとした「イベント」や「わくわく」を大人が提案することができたら、こどもの遊びは、ぐっと豊かになるはずです。

新しい遊び環境をつくることはすぐにはできなくても、「こどもが自由にのびのび遊ぶ」ために今できることが、あります。


これまで仕事を通してこどもたちの遊びの現場を見てきました。

二人のこどもの母親となってからは、遊びのなかからこどもの変化や成長も日々感じてきました。仕事で出合うのとはまた違う、わが子との遊びの時間に驚きを感じることもあれば、これで良いのかと、ふと立ち止まることもありました。

公私両方の関心から、こどもの発達や大人の態度について改めて学びました。親子の「育ち合い」を支援する、チャイルド・ファミリー・コンサルタントの専門スキルを学び、さまざまな場面でこどもたちを観るうちに、遊びの持つ魅力やエネルギーを強く、強く感じるようになってきました。

また、二〇一四年から一年間家族でボストンに滞在し、日本とはまた一味違った遊びのあり方も垣間見ました。

帰国してからは、親子で絵本を味わう会や、こどもたちの自由な表現を促す遊びの教室などを開催し、多くのこどもたちや、そのお父さんお母さんとともに、こどもが自分の世界をひろげることを意図した遊び空間をつくっています。

この本では、そんななかで出会ったさまざまな遊びの風景と、その遊びがもたらすこどもの変化を、お伝えしていきます。

日常からはなれた、ちょっと特別な環境のなかで見つけた遊びの風景もあります。とはいえ、そこでこどもたちの見せるとびっきりの表情は、いつもの遊び場でも引き出すことができるものと考え、日常での活かし方もご紹介します。乳幼児から、小学校低学年くらいを想定した遊び方の一例です。もちろん、こどもの年齢や興味、できることなどによって遊び方は変わりますので、「このように遊ぶべきだ」とはとらえず、自分たち親子ならではの遊びのかたちを見つけるヒントにしていただければと思います。

大事なことは、「今の日本ではこどもがのびのび自由に遊ぶにはコレが足りない」と、ないものを数えることではなく、違う環境、違う視点から得られるヒントを、それぞれのこどもに合わせたかたちで活かすことだと考えています。

こどもに幅広い体験をさせたい、知らないものとの出会いやチャレンジを大事にしたい、と思いつつも、どうしたらいいのかわからないと、あきらめにも似た思いを持つことはないでしょうか。

そんなお母さん、お父さんに、この本でご紹介する「あそび」の姿を、おもしろがっていただきたいな、と思うのです。

そして、こどもに近いところにいる大人一人ひとりが、どうやったらこどもの遊びをすてきなものにしていけるのかを、ともに考えていけたらと思います。

おとなとこどもの「あそびのじかん」を、もっとわくわく楽しめるきっかけとして、
この本を活用していただければ幸いです。

chapter 1

chapter 2

chapter 3

あそびとおとなの関わり 133

chapter 4

あそびは未来をひらく 179

あそびって何だろう

chapter 1

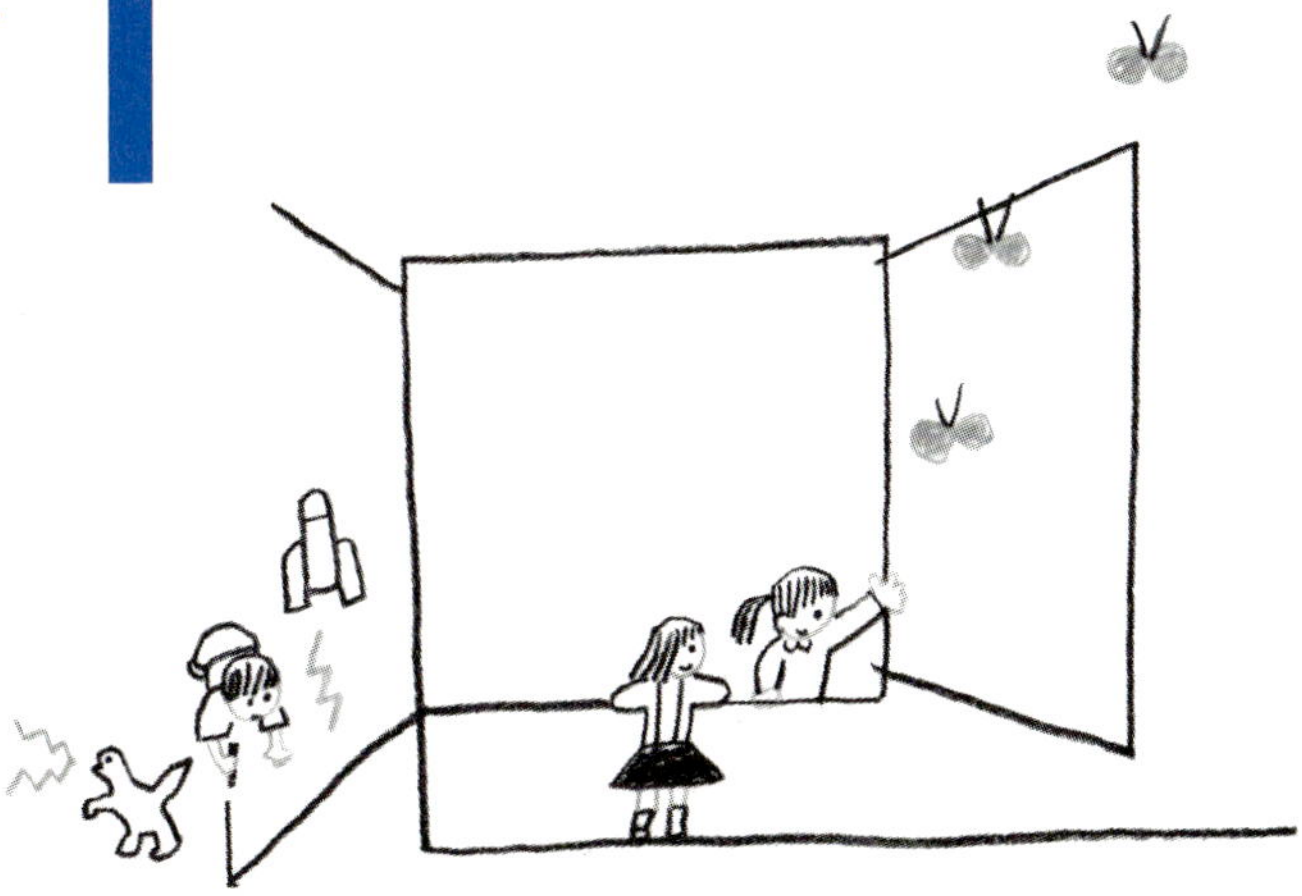

こどもにとって遊びは大切だと言われますが、
それはどうしてなのでしょうか。
遊びってどんなもので、
いい遊びやそうでない遊びという区別があるのでしょうか。

まずは、今のこどもたちの遊びを取り巻く状況を踏まえながら、
遊びの意味や、こどもの成長にともなう遊びの変化、
またどんな遊びがこどもの生きる力を育むのか、など、
そもそも「遊び」というものをどう理解したらいいのかを、順に考えてみます。

今の遊びを取り巻くもの

小学生は、学校が終わってから、どんなふうに過ごしているのでしょうか？

親の要求は複雑です。

宿題はきちんとやってほしい。

外でお友達といっしょに遊んでほしいけれど、危険なことはしないで安全に過ごしてもらいたい。

ただ遊んでいるだけじゃなくて、おけいこごともやらせなくちゃ、運動系と文化系、英語は必須かしら……と考えていくと、どんなふうに過ごしても、なかなか満足できそうにありません。

情報社会の今、親たちは実体のよくわからない何かに絶えずプレッシャーをかけられているような気がします。

こども向けの新しい体験プログラムや教室の情報は親たちのあいだで一気にひろまり、参加しないと、わが子が遅れてしまいそうな不安を感じます。

母親向けの育児情報サイトもここ数年で急速に増えました。関連記事のリンクをたどっていくと、「子育てに必要な◯コのこと」という類のコラムを何本も読みつづけることができます。

そして、無限につづく「これだけはやっておこう」に圧倒され、自分のできていないところばかり気になり、母としての自分に自信をなくしてしまいそうです。

外で遊ぶことや、友達とかかわることが、こどもの成長のために必要だということも、実はよくわかっています。

でも同時に、ほかの人に迷惑をかけてはいけないとか、事故やけがが起きたときにどう責任をとればいいのかとか、情報が多いぶん「もしも」への危惧も大きく、結局どうしていいか戸惑いつつ、こどもを送り出しているのが現状ではないでしょうか。時に、その戸惑いを、ついこどもに向けてしまうこともあるかもしれません。

一方、このような多すぎる情報を得ることの少ない父親も、また別の戸惑いを感じているように思われます。

いっしょにキャッチボールをするとか、虫取りするとか、ぼんやりと思い描く父子の遊びが、どうやら実現できない現状にあることを感じつつも、それがどうしてなのか、どんなふうに対応したらいいのかがわからない。結局、こどもの遊びに関与することをあきらめてしまう人もいるかもしれません。

親自身がどうしたらいいかわからないというのが本音のように思われます。

「あそび虫のうた」という歌をご存じでしょうか。歌をつくったのは「三多摩保母のうたごえ」。保育士さんのグループだそうです。こんな歌詞です。

一．ぼくのからだのすみっこに
　小さくなってるあそび虫
　よごしちゃだめよと叱られて
　危ないだめよと叱られて
　小さくなってるあそび虫

二．空ではお日さま笑ってる
　だけど悲しいあそび虫
　あき地も林もなくなって
　テレビの前が指定席
　眼鏡をかけてるあそび虫

三．大空も大地も呼んでいる
　体をのばせあそび虫
　雨がふったら泥まんじゅう
　風がふいたら奴凧
　天までとどけあそび虫

今のこどもたちへの問題提起かと思いますが、この歌ができたのは一九七六年。こどもの「あそび虫」が、身体の中で小さくなって、のびのび遊ばなくなっている、という世界観は、この時すでに保育士さんたちの実感だったのですね。

つまり、今の親世代の多くは、すでに自分たちが「よごしちゃだめ」「あぶないからだめ」と言われながら遊んで大人になり、わが子たちに向き合っているのです。

「ひとむかし前」は、兄弟姉妹が多く、親がこども一人ひとりについていくことはなく、こども同士で遊んでいた。年長のこどもが、遊びの楽しさも、ルールも、危険を避ける方法も教えてくれ、そこにはこどもの社会が形成されていた……というのは、「むかしの遊び」という文脈でよく耳にする話です。

そのころの遊びは、自分の身体を使ったものや自然を使ったものなど、だれもが参加できるものでした。

決まった遊びのように見えて、その日のメンバーや環境しだいで、変容するような要素もありました。また、「おまめ」などと呼ばれる低年齢のこどもが遊びの盛り上がりを損なわずに輪に入れるような、こどもなりの知恵もありました。

そんなふうに遊びながら社会性を学んだものだと、しばしば語られます。

たしかに、地域のなかで異年齢のこどもが遊ぶ場面も減ったように感じられますし、五人、六人という大人数家族の割合は減っていますから、こども社会の変化という意味では、このような指摘はもっともです。

とはいえ、この指摘には別の意味で誤解を生む部分もあるように思います。

それは、「ひとむかし前」と言う「ひとむかし」が、すでに二世代以上前の話らしい、ということです。

今の親たちの世代は、兄弟数一〜二人の家庭が八割以上となったころに、こども時代を過ごしています。もちろん地域や家庭によっても違いはありますが、幼いころに異年齢のこどもと遊んだ経験が多くない親たちの割合は増えています。

自分が遊びを教えたり教わったりしてきた経験がない人のなかには、わが子とどんなふうに遊んでよいものかがわからない、と感じている人もいるようです。

また、兄弟の数が少なく、親が一人ひとりに目をかけることが当たり前になったからなのか、今の親たちは、トラブルをなるべく避けようとしているようにも見えます。

公園で遊んでいて、こども同士が遊具を取り合ったりすると、あわてて双方の親が飛んできて、わが子に「おともだちに『どうぞ』しようね」と声をかけることが実に多いのです。

他のお子さんや親御さんにイヤな想いをさせない、迷惑をかけない、ケンカをしない、そのことをあまりに気にしすぎる結果、いつまでも、親の目の届く範囲だけでしか遊ばせられなくなっているように感じます。

こどもの社会性を育てる、というよりも、「お友達と仲良くできないとタイヘン」「よそのお子さんを泣かせてはタイヘン」「わがままな子だと思われてはタイヘン」……という、他の人の目を意識する想いのほうが、より強いようにも見受けられます。

「はじめに」では、こどもがのびのび遊ばなくなった一因として、親の意識の変化を指摘しました。

大人が、遊びに対しても「きちんとすること」「目的を持つこと」「成果を得ること」、また「汚れないこと」や「迷惑をかけないこと」を求めるようになった、という変化です。

どうしてそんなふうに変わってきているのかは、親世代が、どんな遊び環境のなかにいたのかを考えると合点がいきます。そもそも、自分たち自身が、「よごしちゃだめ」「あぶないからだめ」と言われ、地域での遊びの伝承も減ってきたなかで育ってきたのです。当然、遊び方も変わりました。
それが後になって、「遊ぶことは発達に役立つ」と聞いても、「それじゃあ、何の制約もなく、自由にどんどん遊びましょう！」と、なかなかすぐには切り替えられません。「発達に役立つようなきちんとした遊び方をわが子に教えなくっちゃ」と思ってしまうのも、やむを得ないことかもしれません。

けれど本来、「遊びたい」という欲求は、こどもたちのなかから湧き起こってくるもの。『ひとむかし前』のような環境は得られなくても、その時代時代の遊び環境を巧みに生かしながら、どの時代のこどももうまく遊びを工夫してきたし、それは今も同じだと思うのです。

私が小学生のころ、家庭用ゲーム機（つまり、ファミコン）が発売されました。はじめてこどもの環境のなかに現れた新しいおもちゃを前に、どの家庭もどのこどもも、「それ」との付き合い方をさまざまに模索したはずで、それぞれの家庭に、それぞれのルールがありました。

あるとき、一人の男の子のウチに、かれこれ十人くらいが集まって全員でファミコンの野球ゲームに興じたことがありました。

公園で野球をやるときのように、二チームに分かれて、打順が替わると次のバッターにコントローラーを渡しながら、全員がゲームの行方を見守っていたのです。野球のルールがわからない数人の女子のためには、男の子たちがゲームの進行に直接関係のない演出もつけてくれました。

こどもは外で走り回るのがいちばんよろしい、という考え方の人が見れば、いくら大勢でいっしょに遊ぶことができたって、テレビゲームはテレビゲームに過ぎず、本来ならば外で自分の身体を動かして野球をするべきである……と言われてしまうことでしょう。

けれど、そのとき、全員いっしょに一台のファミコンで遊べた時間の楽しさは、今でも鮮明に覚えていて、きっといつもとは違う盛り上がりがあったのだと思うのです。

外遊びのできる公園が減っても、大人数で遊ぶ機会が減っても、その環境のなかで、こどもたちは、「仲間といっしょに盛り上がる遊び方」を工夫していました。理屈ではなく、本能に近いくらいの感覚で、そんな遊び方を求めていたのかもしれません。

むかしに比べてあれがないからよくない、あるいは、海外に比べてこんなところができていない……と、ないものを数えることには意味がありません。

今の環境のなかで、どんなふうに工夫したら「よい遊び」が得られるのか、そもそも「よい遊び」とはどんな遊びなのかを、考えていきたいと思います。

遊びの環境は変化しています。
昔の遊び方を懐かしむだけでなく、
今の環境のなかにある「よい遊び」を
見つけていきましょう。

遊びのいろいろ

「遊び」という言葉からイメージするものは、人によってさまざまです。社会学や発達心理学の分野でも、「遊び」について、さまざまな形での定義が試みられてきました。その切り口は、遊びの内容や性質、遊びの環境など、研究分野によって多岐にわたっています。

たとえば、「遊びの定義」として有名なもののひとつにフランスの思想家ロジェ・カイヨワが指摘した六つの「遊びの特性」があります。それは、①自由な活動、②隔離された活動、③未確定の活動、④非生産的活動、⑤規則のある活動、⑥虚構の活動です。

とはいえ、「遊び」は遊んでいる人自身の意識によって意味づけが変わります。つまり、その行動は、主観的で抽象的なもの。だから、学問の領域でただひとつの定義を決めることはむずかしいというのが現状のようです。
「遊び」について、大雑把なイメージでは多くの人が似たようなものを思い描きますが、細かな事例に話が及ぶと、それぞれの考える「遊び像」は、少しずつ異なっているようです。

この本では、「遊び」を「目的はないけれどわくわくすること」として、話を進めていきます。

「目的はないけれどわくわくすること」というのは、遊びの定義としては少しゆるく、幅広いです。たとえば、小さな赤ちゃんが、自分の手を動かしながら、ただじ～っと見つめているのも遊びになります。

こどもの遊び、と言われて、大人たちが連想するものは、「砂遊び」「ねんど遊び」「ボール遊び」「ごっこ遊び」と、何か名前のついているものがほとんどです。逆に言うと大人たちが遊びのパターンとして認識できたものだけに名前がついたのかもしれません。

実際は、こどもの年齢と興味によって、「わくわくすること」は、もっと多様です。一歳過ぎのこどもが、箱の中の積み木を出したり入れたり出したり入れたり、ただくり返すことも遊びです。二歳になって、貼ってあるシールをせっせとはがすのも、また遊びなのです。

また、「〇〇遊び」と名前のついているものも、大人の思うようなやり方だけが遊びではありません。

たとえば「ねんど」。大人は、ねんど遊び、というと「ねんどで形をつくる」と思いがちなのですが、こどもの様子を見ていると、「形をつくる」ことだけが楽しみ方ではないようです。

まずはねんどをさわる、手ざわりを楽しむ。こねてみる。カタチが変わる。マルや、ぺったんこや、にょろにょろができる。そういう大人の目から見れば目的のない行為を楽しみ、ねんどといろいろにかかわっていることも「遊び」です。

そこから少し年齢が上がると、好きな形がつくれることに気づき、「これをつくろう」という意識でつくり始める、という段階を踏むのだそうです。

三人のこどもたちのお母さんいわく、兄弟でいっしょに泥団子づくりをしていたとき、小学生のお兄ちゃんは泥団子を惑星に見立てて太陽系をつくろうとしているのだけれど、幼稚園の妹は泥の手ざわりを楽しんでいたそうです。遊び方は違いますが、どちらにとっても、泥団子遊び。そして、どちらも「わくわく」しているのです。

もうひとつ、こどもにとってかけがえのない「わくわく」に「絵本」があります。

これも、「絵本を読んでいると賢くなりそう」と、大人たちは教材に近い印象を持っていることが多いですが、こどもにとっては「わくわく」に満ち満ちたものなのです。

こどもが実際の生活のなかで出会えること、体験できることには限りがありますが、絵本の世界は無限です。

ゼロ歳のころならば、新しいモノの名前や、音、言葉。物語がわかるようになれば、遠い国や、過去や未来の話、宇宙や異次元の話などなど、自分の知らない世界への窓となるのが、絵本なのです。

こどもが、自分のお気に入りの絵本を「よんでー」と持ってきて、「もういっかい」「もういっかい」と、大人がすっかり文章を覚えきってしまうまで何度もリクエストされた記憶を持つお父さん・お母さんも多いことと思います。

けっしてゲラゲラと笑う絵本に限らず、こどもにとって絵本は、たしかにわくわくする「遊び」なのです。


また、遊びは、こどもだけのものではありません。

大人はどちらかと言えば「目的なく何かをすること」は苦手ですが、自分自身を振り返ったとき、さして目的はないけれど好きだからやっていることが、ひとつふたつ思い当たらないでしょうか。

あるいは、ただ居心地がいいとか、なんとなく落ち着く、と感じるもの。たとえば、楽器の演奏も、別にプロになろうとか癒されようという、明確な「目的」はないけれど、自分が心地よいからやっている、という人が多いと思います。ついやってしまうゲームだって、リフレッシュしようなんて「目的」を意識しているのではありません。

刺繍やトールペインティングなど、制作することが好きな人が、作品ができすぎてしまって、友達みんなに順番にプレゼントする、というのも、制作することが「遊び」だからです。実用ならば、必要なものをつくってしまったら終わります。でも、

「遊び」だから、家の中が自分の作品だらけになっても、まだつくりたくて仕方がないのです。

遊びは「おもしろおかしい」だけでもありません。

なわとびで遊ぶこどもは、「おもしろおかしい」から跳んでいるのではなく、もっと長く跳びつづけたいとか、新しいワザに挑戦したい、という挑戦と、練習してそれを達成するのが楽しくてやっているのです。ゴムとびも、けん玉も同じです。

でもくり返しますが、運動神経を高めようとか、チャレンジ精神を持とうという目的はありません。

自分が新しいことができるようになる、「できた」の積み重ねにわくわくしているのです。

コワイ遊びが好きなこどももいます。わざわざ家のなかを暗くしてお化け屋敷ごっこをするのも、「おもしろおかしい」のとはちょっと違います。いつもと違う空間を味わう感じが、わくわくするのでしょう。

そう考えていくと、暗算とかそろばんのドリルをやっているのが大好き、というこどもも、きっといることでしょう。つい、大人の価値観で、「えらいねぇ」と言いそうになりますが、本人にとってはわくわくする時間にすぎないのです。

だから、大人から見たら到底遊びには見えないかもしれないけれど、当人にとって「目的はないけれどわくわくすること」を「遊び」と呼んで、こどもの「遊び風景」をもう少し見ていきたいと思います。

自分にとって
「わくわくすること」が遊び。
目的は、必要ないのです。

発達心理学から見た遊び

育児書に載っているような「年齢ごとの遊びの変化」は、その多くが、発達心理学の研究を踏まえた「遊びの発達」にもとづいています。

発達心理学は、生まれたばかりの赤ちゃんから老齢期に至るまでの人が、身体と知能の成長に伴って、できることが増えていき、またできなくなっていく過程を、生涯にわたって研究している分野です。

こどものありのままの行動の観察や、グループを形成した上での観察、特定の条件を設定した場所のこどもの様子を分析する研究、質問への回答をもとにした研究などの手法により、こどもがどのように成長・発達していくのかを、心理的な側面から理解しようとするものです。

この発達心理学の研究では、遊びはこどもの社会性が発達するにつれて変化していくと言われています。観ることから始まり、一人で遊ぶようになり、それが仲間といっしょに遊ぶようになるという変化です。

そのプロセスは、一般的には、次の五つの段階に区分されています。「傍観遊び」「一人遊び」「並行遊び」「連合遊び」「協同遊び」です。

また、遊び前の段階として、「なにもせず　ぼんやりしている」という段階を挙げることもあります。でも、この言葉の選び方は、ちょっと大人目線に寄りすぎている気がします。

生後数か月の赤ちゃんが、自分から手を出さずに、大人からは「ぼんやりしている」ように見えたとしても、目や耳や頭は忙しく動いていることもあるでしょう。くるくると回るモビールや、風に揺れる葉っぱの影などを好むこどももいます。

これは私の想像にすぎませんが、外の環境の刺激をいっぱい自分のなかに取り込み、新しい世界のひとつひとつを獲得することは、きっとわくわくするようなおもしろさに違いありません。

はっきりした色のものや、ビニール袋などのかさかさと音がするものを目で追う姿も見られます。たとえ大人には特段おもしろさを感じないような日常の風景にすぎなくても、赤ちゃんは内心で「みーつけたっ」と、大喜びで色や音を発見しているのかもしれません。

その後、「傍観遊び」や「一人遊び」と言われる遊び方が見られます。

「傍観遊び」は、大人や他のこどもが遊ぶ様子をただ観ている状態です。時折、遊んでいる人に声をかけることはありますが、自分では遊ぼうとしません。遊び方を覚えているという考え方をする人もいますし、観ることそのものが楽しいのだと考える人もいます。

こどもによっては、年齢が上がっても何か新しいことを始める前に、必ず「傍観」のステップを踏むタイプもいます。他の人が何をしているのか様子をうかがい、自分からは手を出さずにじっと観察して、「うん、これなら自分もできそう」という確信が持てるようになってから、おもむろに取り組むタイプです。

一方、「一人遊び」は、観るだけではなく、自分の手を伸ばして、自分で遊ぼうとする段階です。

ただ、遊びの種類やこどもの性格によっては、大人の助けが必要な場合もあります。

たとえば、投げたボールを大人に拾ってきてもらって、また投げることをくり返している時、一人遊びの黒子役として大人が存在しています。ボールや車がカタカタと転がりながら落ちていくおもちゃを使って一人で遊びながらも、「ねぇ、みてみて！」と、隣にいる大人を手放さないタイプのこどももいます。

こんなふうに一人で遊んでいたこどもが、同じ空間にいるこどもを意識するようになるのが「並行遊び」です。

このとき、こどもたちは、すぐ近くで、同じ物を使って遊んでいます。しかし、相互の遊びは交じり合っていません。いっしょに積み木遊びをしているように見えても、個々が勝手に積み木を使って好きなことをしているだけで、ひとつの遊びを共有しているわけではないのです。

ただ、片方のこどもが新しいことを始めると、隣のこどももそれを横目で見てまねをすることもあり、交わらないなりに、お互いの存在を意識している様子も見受けられます。同じものを使って、個々の世界に没頭しているので、道具の取り合いなどのトラブルが起こることもあります。

そして、こどもたちが、それぞれに別の遊びをしていた段階から、いっしょに遊べるようになるのが、「連合遊び」「協同遊び」です。

「連合遊び」は、ひとつの遊びにいっしょに取り組むこと。積み木の例で言えば、複数のこどもたちが同じひとつのものをつくっている状態です。ただしこの段階では、全員が同じ立場のつくり手で、それぞれが積み木を運び、高く積み重ねるというかたちで遊びが進みます。

一方「協同遊び」になると、積み木を運ぶ係、積む係、どこに積むのかを指示する係など、それぞれに異なる役割を持ちます。この段階になると、遊びのルールも理解できるようになり、時間を決めて高さを競うとか、使っていい積み木の量を決めるなど、ルールのある遊び方を楽しむことができるようになります。


大人は、ついつい早く発達すればいいように感じてしまいますが、それぞれの段階に、それぞれの成長の意味があります。

「傍観遊び」段階では、遊びの楽しさをインプットしているのかな、「一人遊び」の時には、自分の好きなことにじっくり向き合っているのかな、とそれぞれの段階を大切に思う気持ちを持ちたいものです。

こどもの様子を見るときに意識したほうがよいのは、育児書などに書いてある、年齢に応じた遊びの発達の目安にとらわれすぎないことです。

もちろん「目安」はありますが、発達の時期はこどもによってさまざまです。同年齢のこどもと過ごす時間の多寡によっても影響を受けますし、兄弟構成やこどもの性格によっても異なります。

「連合遊び」や「協同遊び」の段階に発達しているけれど、「一人遊び」が好き、というこどももだっています。

だから、「みんなで協力して仲良く遊ぶ」ことが遊びの理想形であり最終的な目標である、というふうに求めるのではなく、こどもの発達段階や、遊び方の好みに目を向けることを大事にできたらいいと思います。

また、発達心理という切り口で遊びを見るときにもうひとつ大事なのは、発達の現れとして遊びが変化するだけではなく、遊ぶという行為そのものが発達を促す、と考えられていることです。

社会性・自立性・知的能力・情緒・ことばの発達など、発達心理の研究分野で観察している要素の多くが、遊びによって発展していると言われています。
こどもたち自身は、自分の成長を認識しているわけではなく、ただ遊びたいという欲求をかなえているだけなのですが、その行為が自然と、こどもが身につけていくべき能力を高める役割を果たしているのです。

遊びによって成長し、
成長によって遊びが変わります。
こども一人ひとりが自分のペースで
遊びを成長させています。

答えのある遊び　答えのない遊び

こどもたちは、学び、成長し、いつか社会に貢献する存在となります。

これからの社会を担うこどもたちが、大人の仲間入りをするまでにどんな力を身につけたらいいのか、二〇〇〇年を過ぎたころから公の議論が活発になりました。

社会環境や人々の働き方が大きな変革を迎えた時期に、社会人として生きるために求められる力を明文化しようという意図があったようです。内閣府や経済産業省、そして文部科学省などが、「人間力」「社会人基礎力」「生きる力」などの言葉を置き、定義を発表しています。

それぞれに議論され、練られた言葉ですが、並べてみていると共通する想いや概念が浮かび上がってきます。

そのひとつは、他者との協力、協調や自分の想いの発信など、コミュニケーション能力についての言及が多いこと。

それまでの「年長者に従う」「和を乱さない」といった人とのかかわり方ではなく、「相手に配慮しつつ自分の意見も発言する」「個々の得意分野を活かしてチームとしての力を高める」など、他者との協働に求められる形が変化していくなかで、改めてコミュニケーションという言葉が見直されているように感じます。

もうひとつは、知的な要素として、課題発見能力や問題解決能力、論理的思考、創造性など、答えのない問いに自分なりの答えを出す力が求められていることです。

これも、社会全体がわかりやすいひとつの課題に取り組むのではなく、多くの問題が相互に関連し合う社会へと進むなかで、自分なりの問題意識や解決方法を持つことが求められているからだと思われます。

実のところ「コミュニケーション」「答えのない問いへの探求」のいずれも、こどもたちは自由な遊びのなかで意識せずに行なっています。

友達みんなで遊んでいるうちに新しい遊び方を考えだしたり、異年齢がいっしょに遊べるように鬼ごっこの特別ルールをつくったり、「どうすれば楽しいか」「どうすればみんなが満足するか」「どうすれば勝てるのか」という答えのない問いに向き合い、仲間同士で相談しながら自分たちなりの納得解を得ています。

ただ、「コミュニケーション」や「答えのない問いへの探求」が発揮される遊びと、そうではない遊びがあるのも事実です。

それは端的に言うと、「答えのある遊び」と「答えのない遊び」の違いです。遊びには、答え（あるいは、ゴール・目標・あらかじめ決まっている終わり方）のある遊びと、それらがない遊びがあります。

ボードゲームやテレビゲーム、ジグソーパズルには、「答え」があります。それは、その遊びを考えただれかが決めた答えです。ジグソーパズルはピースが全部はまったら「完成」。テレビゲームだったら、大ボスを倒してお姫様を救い出したら「ゲームクリア」。

一方、こどもが自分で考えた「名前のない遊び」は、終わりが決まっていません。いつでもやめられるし、ずっとつづけることだってできます。

たとえば、ブロックで遊んでいるこどもが、それぞれ勝手に好きなものをつくっているうちに、いつしか、だれがいちばん高く積めるかの競争をはじめることは、こどもの世界ではよくあることです。ブロックを高く積むためのたったひとつの答えが存在するわけではなく、方法は無限にあります。

ただ積めばいいだけではなく、相手にブロックを渡さないために先に確保してしまうとか、ブロックじゃなくて、もっと大きいものを積んで高くするとか、そもそも台の上からスタートするとか……。よく言えば創意工夫、悪く言えば勝つためなら手段を選ばない、という事態だって発生します。そうなると、いやいや、ちょっとまてよ、これはルールを決めてやろうよ……と、ルールを決めて仕切りなおすこともあるでしょう。

そこから競争を究める場合もあれば、みんないっしょに天井まで届くものをつくろう、と別の遊びに変わる場合もあるし、何か制度らしきものが整ったとたんに熱意がなくなって、やめてしまう場合だってあります。

それでいいのです。遊びを設定し、支配するのは自分自身。満足して終わればそれでいいし、満足できなかったら次にまた別の方法を考えればいい。

そんなふうに「決まった答えがないこと」の経験を積み重ねて、大きな課題への取り組み方が自然に身についていくと思うのです。

もちろん「答えのある遊び」にも楽しさはあります。パズルがはまったとき、難題をクリアしたときの快感は、格別なものです。

ただ、「答えのある遊び」ばかりに慣れすぎてしまうと、「答えがない遊び」にまで、答えらしきものを求めようとしてしまうこともあります。

おもちゃメーカーでいっしょに働いていた後輩は、人形を使ったごっこ遊びおもちゃの体験会で「家具はどんなふうに並べるのが正しいのか」とこどもに質問されて、言葉に詰まってしまうことが何度かあった、と話していました。

こどもたちは遊びを通して、多くの力を育んでいます。

それは、こども自らが「こんなふうに遊びたい」「これが楽しい」と心から思い、その要求に突き動かされるから生まれる成長だと思うのです。

大人は、つい、こどもの行動にあれこれ指示したくなってしまいますが、こどものなかにある能力の種を芽生えさせ育む土のような存在が遊びであることを、まずは理解し、水をやりながら「待つ」ことを大事にしたいものです。

こどもたちは、
答えのない遊びを通して、
大人になるまでに身につけたい力を
育んでいます。

あそびの風景

chapter 2

こどもたちは実にさまざまな場面で、さまざまなかたちで、
「自由な遊び」を実践しています。

そして、本人たちは意図せず、遊びを通して
さまざまな力を見出し、育み、発揮しています。

ここでは、私がこれまでに目にしてきた、すてきな遊びのあり方と、
その遊びのなかで、こどもたちがどんなふうに成長しているのか、
どんなふうに自らの力が育まれているのかをご紹介していきます。

「もういっかーい！」くり返しのある遊び

「キッザニア一周観光バス、乗りませんか〜？」

威勢のよい声に振り向くと、観光バスのバスガイドの制服を着た少年が、黄色い旗を振っていました。

背格好から、その日来場の修学旅行生の一人だとはすぐわかりました。こどものための職業体験の場、キッザニアには修学旅行でやってくる小中学生も多いのです。バスガイドの制服は女の子らしいデザインなので、かわいい黄色のボレロを着た高学年の少年は独特の存在感を放っています。

しかし本人はそんなことを気にするふうもなく、お客さまを集めるのに必死でした。あの子やる気満々だね、と観光バスのスタッフに声をかけると、今日一日中いっしょなんです、との答え。

その日一日だけで、バスガイドとして二回、お客さんとして二回、体験したというのです。次のバスガイドが最後の回になりそうですから、少年はキッザニアを訪れた一日、ただひたすら観光バスに乗って過ごしたようです。

スタッフが、少し他のところにも行ってお客さんを誘ってもいいよ、と声をかけると、彼は黄色い旗を振りまわしながら、張り切って走っていきました。


キッザニアには、パビリオンと呼ばれる、仕事や社会体験をする場所が約六十あります。

ひとつの仕事でも複数の役割があるものも多く、たとえば、病院の仕事では、医師・看護師・救急救命士……と、それぞれまったく違った体験ができます。

それらをひとつずつ数えると、体験の種類は約一〇〇種類もあります。

一度の訪問で、そう何種類もの仕事ができるわけではありませんから、他の仕事もやってみたくて、何度も訪問したくなる。それが、私たちが開業前に想定していた「再来場モデル」でした。

でも、フタを開けてみれば、くり返し訪れるこどもの多くが、毎回決まった場所に行っているのでした。

「また来たよ〜」とそれぞれのパビリオンのスタッフとすっかり顔なじみになったこどもも少なくありません。

そして、一日に同じパビリオンを二度三度と訪れるこどもたちも、けっして珍しくはなかったのです。

こどもたちは、「これはこうやるんだよね」「私知ってるよ」と、スタッフの説明を先回りして作業を進めたり、いっしょに体験する別のこどもに教えたりしながら、ちょっと余裕の雰囲気さえも漂わせて、なじみの体験を楽しんでいるのでした。

実のところ、親御さんのなかには納得していない様子の方も見受けられます。

「さっきもやったから、もういいじゃない?」「この間も行ったよ」「もっと違うのもやったら?」と話している様子も目にします。

同じものばかりではもったいない、と思っているようです。

大人たちは、一度やったら、それで充分、と思ってしまいます。

たしかに一度体験すれば、それがどんなものなのかを「知る」ことはできます。けれど、こどもたちは、「知る」ためにきているのではなく、「楽しむ」ために来ているのです。

自分が気に入ったこと、楽しいと思えることを見つけたら、それをくり返しくり返し味わいたくなるのは当然のこと。

画材屋さんでスケッチブックをつくる体験が好きだった、という女の子のお母さんと話をしたことがあります。スケッチブックづくりは工程の多い体験です。枚数を数えたり、表紙や金具を選んだり、ひもの長さを測って切ったりと、それぞれの工程はむずかしくありませんが、一度の体験では順番が覚えられないくらい多くの工程を経て、やっと一冊のスケッチブックができあがるのです。その女の子は、知っている工程をひとつずつなぞると安心して、そこにやりがいを感じていたらしいのです。

ポスターづくりが大好き、という男の子もいました。パソコンを使ってポスターをつくり、自分であれやこれや工夫することをほんとうに楽しんでいたそうで、一日に二回三回と訪れることもありました。

「つくっているといろいろ思いついて、もう一つ別の感じでもつくりたくなる」そう

キッザニア東京。バスガイドとして、街の中をご案内。

おじぎも練習しました。

（Photo：キッザニア東京）

です。

こどものとらえ方は柔軟なので、体験のなかの限られた要素だけが大好き、という場合もあります。

たとえば、先のバスガイド少年は、その仕事のなかでも、「大勢の前で話す」という要素に、とりわけ魅力を感じていたようでした。

もちろん、こどもによっては、全部の体験をやってみたい、とコレクション的な要素に楽しみを見出すタイプもいますから一概には言えませんが、いずれにしても、こども自身が何に楽しさを感じているのかに注意を向けると、こどもの行動が少し理解できます。

ところで、その日最終のキッザニア観光ツアーですが、七人乗りの観光バスは満席になりました。ほとんどが少年のクラスメイト。

キッザニアで体験できる最高年齢は中学生ですから、乗客全員が六年生男子という状況は、想定しうる最重量に近かったはずです。後から運転手のスタッフが言うには、「バスがいつもよりも重たくて、進まないんじゃないかと心配になるほど」だったそうです。

最前列に立った六年生男子にとって、バスの天井は少し低かったらしく、マイクを片手にちょっと猫背気味に、彼のツアーが始まっていました。

観光バスの原稿をちゃんと読んで、ちゃんとツアーをやっているんだけれど、友達をおもしろがらせようという気持ちに満ちたご案内は、妙にテンションが高い、彼の一人舞台でした。

彼が将来ツアーガイドを目指すかどうかはわかりませんが、少なくとも、人前に立つことの快感は存分に味わっているように見えました。

こどもの遊びにはくり返しがあります。
楽しいと思うことを何度も何度も味わいながら、
こどもたちは自分の好きなことを実感し、
自分らしさを見つけていくのです。

あそんでみましょう

くり返しを楽しむあそび

こどもたちは、大好きなことをくり返すことが大好き。
日頃意識していなかった「こんなこと」、実はくり返しの遊びなのです。

あそぼう

ウチじゅうのものを
「はいどうぞ」してくれる。

箱の中に物を入れる。
箱の中から物を出す。

カーテンの後ろにかくれては
「ここだよ～」と登場する。

同じ絵を描く。

あそびを受け止めることば

「○○することが好きなんだね」

「○○をしているとき、とても楽しそうだね」

「○○はかせだね（○○名人だね）」

高いところにのぼる。
おろしても、また、のぼる。

こちょこちょを一度逃げて、
戻ってきて、また要求する。

同じことを何度も何度も聞く。

「パパの名前は?」

「ママの名前は?」

「じーじの名前は?」

「ばーばの名前は?」

「ふーん。

じゃ、パパの名前は?」

……（以下略）

年齢・干支・大きい小さいなどなど。

「わぁ、すごい！」本物との出会いから生まれる遊び

展示室に入ると、目の前のマットの上で、大勢のこどもたちが床にはうようにして、何かをつくっています。

「ここ、ここ、あったよ～」とマットにかけ寄る息子。スタッフさんが「やってみる？」と声をかけてくれます。

全米でもトップクラスの所蔵品の量と質を誇るボストン美術館。仏画や浮世絵など、日本美術の所蔵も多く、日本との関係が深いことでも知られています。

このボストン美術館には、無料招待日や美術教室など、市民が美術館そのものを身近に楽しめる多くの取り組みがあり、そのなかでもわが家が好きだったのはファミリー・デイ。その日は、館内の四～五か所に設けられた、制作のワークショップに参

加することができるのです。入場料以外の参加費は不要。同じワークショップにくり返し参加することもできます。何より、制作を行なう場所が展示室の一角であるというところが魅力でした。

その日、こどもたちが制作をしているすぐ近くの壁には、高さ二メートル以上、幅三メートル以上はありそうな、金色に光る作品が展示されていました。

作品をつくりたい、と声をかけると、スタッフさんは、その大きなキラキラを一緒に観ようと、こどもを誘います。

遠くから見ると一枚の金色の布のようにも見えたその作品は、近づいてみると、金属のような小さなパーツが隙間なく整然と並んでいました。上半分は丸い形、下半分は細長い長方形がびっしりと接合されています。

スタッフさんは、「これ好き?」「どう思った?」「これはね、このひとつずつの小さなものを、大勢の人がいっぱいつなげてつくったんだよ」と、こどもたちと言葉を交わし、作品の世界をともに味わいます。

小さなパーツをつなげた、という言葉に、こどもたちはさらに作品に顔を近づけてそのパーツの存在を確かめ、今度は逆に数歩下がってみて、作品を見わたすと改めて、ほぉ〜っと、言葉にならない感嘆の声をあげていました。

作品が「パーツの組み合わせである」ことを伝えたスタッフさんは、「じゃあキミも、こんなのをつくってみようよ」と、制作を促してくれます。

質問されたときは、返事らしい返事もなくただうなずき、作品の方ばかり向いていたこどもたちが、つくろう、と言われたとたんに、いそいそと移動。どうやら話は聞いていているようです。

準備されたのは直径四センチほどの円形のアルミの板と、色とりどりの針金。アルミの板には、四方に一か所ずつ針金を通せるような小さな穴があいていて、針金を使ってこのアルミをつなげて、自分の思うものをつくるのです。このごくシンプルな導入には、何をつくるのか、どうやって使うのか、そんな説明はいっさいありません。

こどもたちは、アルミと針金に手を伸ばすと、すぐに没頭していきました。六歳の息子は思い描いた形を再現するようにアルミを並べ、三歳の娘は、「つながる」ということだけで満足。それぞれの興味と理解に合わせて、同じ材料に向き合っています。なにせ、最初に見たのが、自分よりもずっと大きな「つなげる作品」ですから、こどもたちもつくる気満々。

制作に熱中。好きな色を選びながら
アルミ板と針金を組み合わせています。

円形のアルミ板。
4つ穴があいています。

大好きな恐竜ができました。2頭が向かい合っています。

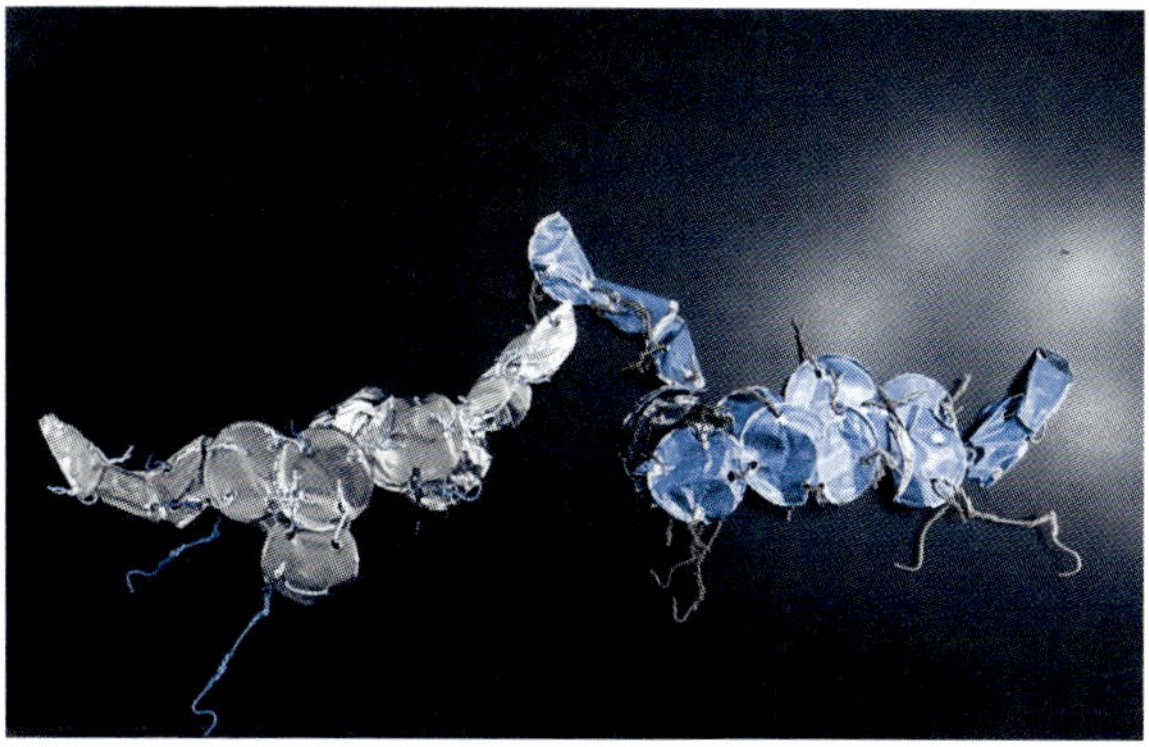

息子は、ひとつパーツをつなげるごとに床に置いて、思ったとおりの形になっているかを確かめながら、じっくりじっくりつくっていました。

色とりどりのビニールが巻いてある針金のなかから、あえて同じ色の針金だけを最初に確保して、色の統一感にもこだわります。円形のパーツを折って微妙な形を作ったり、針金を手に見立てて先を折り曲げて動きを表現したり。あれこれ工夫し、長い長い時間をかけて、息子は大好きな「恐竜」をつくりあげました。

隣にいた小学校低学年くらいの男の子は、丸いアルミの縁をまっすぐになるように折って正方形をつくり、それを六枚合わせたサイコロ形の箱を。女の子たちのママは花輪のようにつなげると、娘のアタマに冠のようにかぶせてあげていました。

ひとつの作品から着想を得てつくるものが、こんなにも多様に変化することに驚き、どうやってプログラムを考えるのか、スタッフさんに聞いてみると、「ボストン美術館が所蔵している作品を観て、ひらめくんだ」とのこと（英語では、インスパイア、と言っていました。芸術分野では、尊敬する作家や作品に触発されて創作するときに使いますよね）。

ボストン美術館。伝統美術からモダンアートまで、さまざまな作品に出会えます。

（Photo：Museum of Fine Arts, Boston）

（Ai Weiwei, Photo courtesy Chuck Choi / Museum of Fine Arts, Boston）

この企画を考える方たちも、今、作品に向かい合っているこどもと同様に、所蔵品の持つ魅力に心動かされて、内容を決めているそうなのです。

ステンドグラスを観た後には、日当たりのいい渡り廊下で、色セロハンを透明シートの上に貼ってステンドグラス風の作品をつくりました。浮世絵のすごろくを観て「すごろく」をつくったこともあります（このときはボストンのこどもたちが、日本の遊びを楽しんでいる姿が見られて、とてもうれしく感じました）。

多様な所蔵作品から刺激を受け、こどもたちは「描く」「つくる」ことの新しい表現を楽しんでいました。新しいことへの興味がひろがっていくのを感じました。

美術作品や芸術作品を観るとき、つい、こどもには価値がわからない、と思ってしまうことはないでしょうか。

もちろん、こどもたちには、作家の名前や生きた年代、作品が生まれた背景、芸術史に与えた影響……なんて知識はありません。けれど、知識がないぶん、自分の感性で好きかどうか、魅力的かどうかを素直に感じる力を強く持っています。

だから、こどもこそ「本物」とふれることが大事なのです。

何を「本物」と定義するのか、と問われればむずかしいのですが、長い年月多くの人たちを魅了しつづけてきた作品はやっぱり「本物」なんだと、こどもの本気度合いを観ていると確信できます。

特別な企画があるとき以外でも、ボストン美術館に行くとだれもが歓迎されている雰囲気を感じました。

もちろんこどもがうっかり大声を出したり、親の手を振りほどいて走り出してしまったりしたら、警備の方は、親子とも、ちゃんと注意してくださいます（とくに親が注意されます）。本物にふれることだけでなく、本物にふれるためのマナーを学ぶことも、同様に大切だと気づかされます。

もちろん、日本にも、こどもが本物と出会うことのできる場所があります。

こどもが騒ぐんじゃないかと遠慮しないで、まずは地域を代表する美術館や、作家さんゆかりの美術館などに足を運んでみると、新しい楽しみを見つけられるかもしれません。

絵や工芸の作品を見たら、家に帰ってから、「お父さんも、つくりたくなってきた」

「ママも今日みたいな絵を描いてみようかな」などと声をかけ、親子で作品づくりを楽しむこともできます。ボストン美術館のようなプログラムがなくても、何かつくってみたくなっちゃったね、というきっかけになれば、こどもの発想がぐっと拡がる場合もあります。

本物、という意味では、音楽に触れる時間もすてきです。「こどものための」と題した演奏会は、年々増えています。また、生演奏を聴く、という目的ならば、高校の部活動、大学や社会人サークルの演奏会、あるいは公共の場でのサロンコンサートなど、地域に開かれた場に足を運んでみてもいいかもしれません。こども向けではありませんから、こどもが声を出したくなる前に退席する配慮は必要ですが、こどもは雰囲気を味わい、大人は久しぶりの生演奏を楽しめるいい機会になります。

演奏会から帰ったら、CDをかけながら家にある楽器を演奏したり、指揮者の真似をしたりと、演奏会ごっこで盛り上がれそうです。

美術館、博物館の展示や演奏会などの地元の情報は、インターネットで検索するだけでなく、図書館や児童センターなど公共の場所にあるチラシやポスターなどでも、見つけられる場合があります。演奏会では他の演奏会や演劇のチラシを山ほどいただけたりと、ひとつ足を踏み入れてみると、次、また次、と情報がひろがるものです。

ボストン美術館で制作に夢中になっているこどもたちは、濃密な遊びの時間を過ごしていました。絵に限らず、さまざまな本物との出会いが、こどもの遊びを豊かにするのです。

本物との出会いに心を動かされ、
「これがやりたい」という強い意欲が芽生えるとき、
こどもの遊びは、ぐっと世界を広げるのです。

あそんでみましょう

本物に出会うあそび

本物に触れられる博物館や美術館は、こどもにとって知らない世界への入り口。
自分たち親子なりの楽しみ方を見つけられると、博物館はぐっと身近で楽しい存在になります。

博物館に行ってみよう

［準備するもの］ 博物館のガイド（サイトの印刷でもよい）

ガイドブックやWEBサイトを見ながら
見たいものの下調べ。

「見てみたい！」というわくわくする
気持ちを盛り上げます。

博物館のルールは、事前にシンプルに伝えます。
「さわらない」「はしらない」
「大きな声を出さない」など、3つまで!!

「大事なものが置いてあるから、
大切にするためのルールだよ」と伝えましょう。

あそびに興味をもつことば

「博物館っていう、いろいろ珍しいものが見られるところにキミの好きな○○があるから、見に行こう」
「どんなものがあるかな？　おもしろいもの見つかるかな？」

パパやママの好きなもの１つずつにもつきあってもらいましょう。

パパやママにもそれぞれに
好きなものがあるとわかると
こどもは自分が何かを好きになる
気持ちを大事にできます。

いよいよ博物館へ。
目的のものを見ることができれば大成功！

「どこがすごい？」
「思っていたのと違ってた？」
と話をして、ゆったり時間を
かけてみましょう。

「なりたい！」あこがれのある遊び

キッザニアが日本でオープンしたのは二〇〇六年十月のことです。キッザニアは、メキシコで生まれた施設で、日本はメキシコ国外で最初のフランチャイズ先でした。ロールプレイをベースとし、こどもサイズの街のなかで仕事や社会の体験ができる場所、というのが、基本となる考え方です。

オープンしたころは、ちょうど若者の働き方についての変化が話題になることが多く、世間ではニートやフリーターという言葉が飛び交っていた時期でもありました。そんなこともあり、キッザニアは「こどもが仕事について学ぶ」という文脈で語られ、知られるようになりました。

でも同時に、キッザニアの紹介を聞き、映像を見た多くの大人たちは「うわぁ楽しそう！」「自分がこどものころにこんな場所があればよかったのに」と盛り上がるのでした。

キッザニアには、スリルのあるジェットコースターも、だれもが知るキャラクターもいません（実はキャラクターはいるのですが、オープン前に知名度はなく、こどもたちがキャラクターを目当てに訪れるわけではありません）。けれど、大人が見て「楽しそう！」と思い、実際こどもは大いに楽しんで帰ってくれるのです。

その楽しさの源泉は、世界中のどのこどもたちでも楽しめる「ロールプレイ」、つまり「ごっこ遊び」をベースにしていることです。

ごっこ遊び、と言うと、未就学のこどもたちの遊びというイメージがあるかもしれません。でも、自分があこがれる何かになりきり、その役割を演じ切ることは、小学校以上のこどもにとっても充分やりごたえがあることです。

もちろんキッザニアでは、こどもたちが本気で役割を演じ切ることができるように、場所や道具のリアリティ、ユニフォーム、こどもにも大人に対するような言葉を遣い敬意を持って接するなど、環境を整えています。

「はやく大人になりたいな」「ケーキ屋さんになりたいな」などと話すこどもたちにとって、仕事は「大人になるとできる、何かすてきなもの」。そんな、「仕事やってみたい」というあこがれの気持ちを、存分にかなえられる場所であることを大切にしています。

キッザニア東京を立ち上げるとき、この場所をいっしょにつくるこどもとして、四十人ほどの小中学生に開業準備に参加してもらいました。

「こども企画準備室」と呼ばれた彼ら彼女らは、企画中のプログラムの検証や、記者会見での受付や説明を行なうなど、「モニター組織」というだけでは説明しきれないほど、キッザニア立ち上げの仕事の一部を担っていました。

企画中のプログラムの検証というのは、キッザニアで提供しようとしている「体験」が、こどもたちにとってリアリティがあり、やりがいがあり、達成感を持てるか、をチェックするものです。

オープンの一年ほど前には実際の職場で仕事を体験してもらい、その様子を見ながら、実際の仕事のうちどの要素をキッザニアでのプログラムにしていけばいいのかを検討する参考としました。オープンが近くなると、会社の会議室を使った疑似体験を行ない、それからオープン前のキッザニアでの最終チェック……とより具体的になっていきました（すべての体験について、この全部のステップを踏んだのではなく、いくつか代表的なものを通して、こどもの思考への理解を深めていきました）。

たとえばピザショップ体験の検討にあたっては、実際に宅配を行なっている店舗でピザづくりをしました。

宅配店舗は、ピザ調理のための動線が無駄なく計算されていて余分なスペースはなく、ピザをつくるこどもも二人ずつ。そのコンパクトさからも、仕事のリアリティを感じます。

まだ若い店長さんは、スラッピング、というピザ生地を伸ばすワザを見せてくれました。左右の手の間でピザの生地がぱたぱたっと行き来すると、その間にちょうどいい大きさと厚さになっているのです。

このプロならではのワザを、キッザニアでも体験できたらいいんだけれど……と、こどもたちもチャレンジ。三年生は手が小さすぎて大人の手助けが必要でしたが、でも自分の手のなかで自然にピザ生地が伸びていくのは手品のようで、こどもたちは大喜び。

体験の後は、自分でつくったピザを頬張りながら、やってみての感想や、楽しいポイントなどを伝えてもらいます。そのコメントを参考にしながら、ひとつずつのプログラムを決めていきました。

なかには、こどもたちが意見を出してくれても、時間や運営の都合で、そのとおりにできないこともあります。

せっかく考えたのに、できあがってみたら自分の意見が反映されていなかった、では誠意がないと感じたので、各回の体験のときには「みなさんの意見をもとに考えるけれど、他の事情でそのとおりにできないこともあるので、理解してほしい」と話していました。

結果として、こどもの意見とは違う方向に決まったときにも「みんなの意見とは違うけれど、〇〇という理由で、このやり方にすることに決まった」となるべく伝えるようにしました。先の例で言うと、こどもたちが「やりたかった」スラッピングは、カッコいいけれど、小さい子にはむずかしすぎるし、自分でできなくちゃ意味がない、という理由で断念。キッザニアでは麺棒を使って伸ばすことになったのです。

最初のうちは、特別な体験の数々をただ楽しんでいたこどもたちは、そのうちに「私はいいけれど小さい子にはむずかしいと思う」「この役目になった人はがっかりすると思う」……と、コメントの視点が変わってきました。お客様の意識ではなく、つくり手の意識になっていたのです。体験のあとで、「こんなことを考えた」とＦＡＸでレポートを送ってくれる女の子もいました。

キッザニアのオープン後、「こども企画準備室」は「こども議会」と名前を変えて定期的に会議を行ない、キッザニアに集まっていました。この「こども議会」は随時メンバーを替えながら、その後もつづいています。

けれど、正直に言うと、「こども企画準備室」のこどもたちは、オープンしたあとはそんなに熱心に訪れたわけではありませんでした。なぜでしょう？

数年経って、高校生・大学生になった彼ら彼女らと話したことがあります。

「大人の人たちがカッコよくって、私もそうなりたかった。大学生になったらバイトで戻ってきてもいいですか？」と、夏休みに毎回のように疑似体験に協力してくれた子。「あのときは、こどもとしてではなく、立ち上げのメンバーとして期待されていることがうれしかったから、その期待に応えたいと想って、活動していたと思う」と、こどもたち同士でも一目おかれていたしっかり者の女の子。「何もないものを、つくるところを見せてもらって、どんなものにも、それをつくる人がいるってことに、思いを馳せられるようになった」と言うのは、しばしばＦＡＸでレポートを送ってくれた女の子。

あぁそうか、彼たち彼女たちにとって、「キッザニアをつくることにかかわる」ことは、それ自体が大きな大きなロールプレイだったのです。

本来ならば、ごっこ遊びで終わり、実世界とつながらないはずのロールプレイが、実世界とつながりキッザニアが生まれる。そんなちょっと特殊な、特別な遊びを、存分に楽しんでいたのでした。

学問としての「遊び」研究でも、ロールプレイ、すなわち模倣は重要な要素を持つと考えられています。こどもたちは、役割を演じる遊びを通して、コミュニケーション能力や思いやり、社会性や言語を学ぶと言われているのです。

そして、こどもたちが模倣遊びをもっとやりたいと思うためには、真似したくなるような魅力的な大人たちの存在が重要です。

お父さんやお母さんとしての姿や、仕事をする姿が、かっこよかったり、楽しそうだったり、あんなふうになりたいなぁ、と思えるものであれば、こどもたちもそんなふうになりたい、というあこがれを遊びで表現します。

こどもたちの「大きくなりたい」「大人になりたい」というあこがれが形になった模倣遊び（ロールプレイ）は、大人になって役割を担っていくことを意識する第一歩。仕事のロールプレイに取り組むこどもたちが生き生きしているのは、社会に出ていくことへの期待の表れで、きっとそこから多くのものを学んでいるのでしょう。


あこがれをかたちにできるのも、遊びの魅力。

こどもは遊びを通して、「なりたい自分」に近づいていきます。

あそんでみましょう

あこがれに近づくあそび

こどもが憧れる一番身近な大人は、お父さん・お母さん。
特別な体験ではなくても、普段のお父さんお母さんらしいことに一緒に取り組むだけで、こどもにとっては「ちょっと大人な一日」になります。

レストランごっこ

［準備するもの］　こども用エプロン・バンダナ
いつもと違うテーブルウェア
（ランチョンマット・テーブルクロス・花など）

メニューを考えましょう。

いつものご飯で大丈夫。

お客様（パパや兄弟）の
好きなものだと
もっと張り切れそう。

いよいよ身支度。
エプロンとバンダナで
レストランの人になりきります。

大人も同じスタイルにすると
盛り上がります。

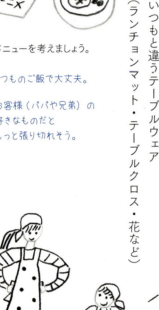

あそびに興味をもつことば

「今日は、○○の日だから、おうちをレストランにしたいんだけれど、お店の人になってくれる？」

「すてきなレストランができたら、パパはびっくりするかな？」

さあ食事！
家族がそろったら、
うやうやしく運んでもらいましょう。

こどものほうがアイディアが
わいてくるかもしれません。たとえば……
ランチョンマットの代わりに絵を描いた厚紙。
折り紙の作品をあしらう。野の花を飾る。
お品書きを書く。

テーブルセッティングで特別感がUPします。

ごはんづくり。
「できた！」の気持ちを大切に。
できることありますか？
葉物をちぎる。玉ねぎの皮をむく。
卵を割る。調味料と和える。
お皿への盛り付け。

「がんばるよ！」チャレンジのある遊び

ボストン市郊外のブルックラインは、国際色豊かな地域であり、こどもの教育に対する大人たちの意識の高い地域でもありました。医療研究エリアや世界的に有名な大学が近いことが影響していたようです。

市内に公立の図書館は三か所あり、週の半分以上は、こどものための読み聞かせと遊びのプログラムを開催していました。輪になってすわり、数冊の絵本と手遊びを楽しんだあとは、ホールのなかを音楽に合わせてぐるぐると走り回ったり、簡単な制作をしたりするような、自由度の高いプログラムでした。

娘といっしょに何度か通うと、英語の手遊びは見よう見まねで、だんだんまわりにあわせて楽しめるようになっていきました。

ただ、絵本はそういきません。

言葉がわからないから何を言っているのか理解できず、物足りない想いをしていました。日本語なら言葉とストーリーがわかる年齢に達していたために、ただ絵を楽しむだけでは不完全燃焼だったようです。

私は日本にいるときから、読み聞かせのプログラムを実施していたので、娘とその友達が楽しめるなら、ここでもやってみようかな、と軽い気持ちで思い立ちました。図書館のスタッフに部屋の使用について問い合わせ、目的を伝えると「それなら、私たちの多言語プログラムに加えるから、図書館のプログラムのひとつとして実施したらいい」と快い返事。そんなわけで、ボストン近郊の公立図書館で、日本語の読み聞かせの会が実現しました。

私にとって読み聞かせは趣味みたいなもの。自分が楽しみたくて始めたのですが、実際には始まる前から予想以上の反響をいただき、初回は大人こども合わせて一二〇人以上にお越しいただくことができました。未就学のお子さんを持つ日本の方が、こんなにもたくさん住んでいたのかと驚いたほどです。

お子さんに絵本を好きになってもらいたいけど英語での読み聞かせでは楽しめなかったという親御さんや、日本語での会話をもっと増やしたいという親御さんなど、大人の方たちが口ぐちに激励と期待の想いを伝えてくださいました。

日本を離れて暮らしているからこそ、「日本語の絵本」の大切さを感じていたお母さん、お父さんたちが、「こういう場があったらいいいな」と、どこかで思っていたようです。

ならばできる限り期待に応えたいと、こどもを持つ数人の友人にもスタッフとして協力してもらい、毎月実施のプログラムとなっていきました。

プログラムは、各回四十五分ほど。絵本と手遊びを交互に入れ、最後に少し動きのある遊びを入れた構成です。

こどもたちにとって、絵本はもちろん「わくわく」するもの。その楽しさに出会ってもらうために、絵本に興味を持ちやすく、魅力に触れられるような演出を工夫しました。

絵本だけを読み続けるのではなく、その絵本のイメージとつながるような手遊びと交互に行なうのもそのひとつ。

野菜の絵本と手遊びのために、本物のトマトやキャベツを持って行って見せたこともあります。

節分のときには、おにが登場する紙芝居を読んだあと、おにのお面をかぶった大人が登場し、こどもたちに追い払ってもらったこともありました。

いずれも、絵本をリアルなものにつなげて、絵本の世界をより身近に感じられるようにすることを意識した演出です。

日本語の本を売っている書店や、日本語の絵本が借りられる図書館は近くにはありませんでしたので、読む本も、自分や友人たちの持っている本のなかから選びました。

一度はスタッフの娘さんが、「これはさっちゃんの絵本だからダメ」と、読ませてくれなかったハプニングもありました（このときは、そうだね、さっちゃんの大事な絵本なんだね、と持ち主に返してこの絵本を読むのはあきらめ、手遊び歌で気分を変えながら、次のプログラムへと移りました。お話をする人も多くが母親でしたし、話す大人も聞く大人もともにその場をつくっているような雰囲気がありました）。

絵本が足りない状況を補うために、「自分の好きな絵本を紹介する」という企画を行なったこともありました。

お子さんのいちばん好きな絵本一冊を持ってきてもらい、年齢ごとの四〜六人のグループに分かれて、そのなかで絵本を読み合いっこしたのです。

プログラムが始まる前から、こどもたちがみんな「自分の絵本」を、私のところに見せに来てくれました。

自分の順番が来るまでずっと大事に絵本を抱えている姿や、絵本を読む自分のお母さんに寄りかかって満足そうな姿を見て、一人ひとりにとって「大事な一冊」があり、それを紹介できることがほんとうに誇らしいんだなぁ、と愛おしい気持ちになりました。

また、プログラムを行なうときに、とくに大事にしていたのは、会の雰囲気を決める「導入」でした。

いつも導入は、二匹のねずみのパペットが歌いながら登場。その後、「あなたのおなまえは」という歌で、場の雰囲気をつくっていきます。この歌では、パペットが何人かのこどもに特大のマイクを向けて「あーなたの　お・な・ま・え・は？」と歌いながら名前を聞くのです。

大勢のこども全員に聞くことはできませんが、こどもの代表として参加してもらい、受け身ではなく、場をつくる一員となってもらう上では、なかなか効果的です。私とこどもたちとのキャッチボールがあることで、他のこどもたちの気持ちもほぐれていきます。

最初の数人は、こんなふうにやるよ、と他のこどもたちに伝える意味で、比較的年齢が高めの、確実に、大きな声で名前を教えてくれるこどもにマイクを向けます。何回かプログラムを続けると顔なじみになっていますから、さぁ早くあてて、という顔でこちらを見ているこどももいます。いつもの何人かに順にマイクを向けると、どの子も得意そうに名前を教えてくれます。

その後も、こどもの顔を見ながら、自分の名前を言えそうな様子のこどもに聞いていきます。マイクを向ける前に、目を合わせると、いいよ、なのか、恥ずかしいからだめ、なのか、意思表示してくれるのです。

流れができてくれば、時おり恥ずかしがって代わりにママに言ってもらう子がいても大丈夫。前のほうに座った子も、後ろでママのお膝に座っている子も、何人かの声を聞いているうちに、場の一体感が出てきて、さぁ、そこからプログラムのスタートです。

あるとき、大雪のため、参加してくれたこどもがいつもよりぐっと少ないことがありました。

ちょっと時間はかかるけれど、これくらいの人数なら、全員お名前聞いちゃおう。そう思って、こども一人ずつにマイクを向けていきました。

いつもより人数が少なかったからなのか、全員の名前が聞けたからなのか、この日はいつもよりも場がひとつにまとまっていると感じました。

なかでも印象的だったのは、スタッフの息子くん、二歳。今までお名前を答えてくれたことはありませんでしたが、堂々と、「ゆうちゃん」と名前が言えました。

その日のプログラムが終わり、「ゆうちゃん、お名前上手に言えてたね」と、その子のお母さんに話をすると、「だって家で練習してるもん」と言うのです。おはなし会で、年上のお兄さんお姉さんたちがお名前を言っているのがやりたくて、いつあて

おはなし会の様子。
絵本に吸い寄せられるように前に出てくる子も。

あーなたの
お・な・ま・え・は？
チャレンジの瞬間。

絵本に大根がでてきた後、
ほんものの大根が登場。

られてもいいように家で練習していたそうです。
するると横から別のスタッフが「そうそう。うちでも練習しているよ」。
あぁ、そういえば、その子はこれまではお名前だけだったのに、その日は名字から
フルネームで言えていました。
「前回は、お名前あててもらえなくて、最初すごくテンションが低かったんだけれど、
別の手遊びで出番があったから、それでやっと気を取り直してたんだよ」
そんなことがあってから、ますます張り切って練習したそうなのです。
「お名前を言う」なんて、大人にとっては些細なことです。私も、導入にちょうどい
いな、とプログラム構成の中で便宜的にとらえてしまっていました。
けれど、こどもたち一人ひとりにとっては、それはどうしてもやりとげたい、大き
な目標だったのです。名前を聞いてもらえた、というところにひとつ目の喜びが、そ
れを自分がちゃんとできたんだ、というところにもうひとつ大きな達成感があったの
です。
「みんなが注目しているという緊張感のなかで、何かをする機会って、娘にとってNは
じめての経験だったかもしれない」とは、別のお母さん。

発表会みたいな機会がないまま三歳になって、はじめてたくさんの人の前で、ちゃんと答えられたことは、小さなことかもしれないけれど、娘の自信になったんじゃないかなぁ、と話してくれました。

こどもたちの毎日はチャレンジの連続。そして、チャレンジの結果生まれる小さな「できた」を積み重ねていくことで、こどもは自信を持っていきます。なかでも遊びは格好のチャレンジの機会です。だれかに言われるのではなく、自分から「できるようになりたい」と思い、実現したとき、こどものなかに、またひとつ自信が重ねられていくのです。

遊びだからチャレンジできる。
チャレンジをくり返し、小さな「できた」を積み重ねることが
こどもの自信を育てます。

あそんでみましょう

チャレンジにわくわくするあそび

こどもたちには、向上心があふれています。こんな風にやりたい、こんなことできたらいいな、そんな想いがいっぱい。遊びの中でも、こどもたちは日々チャレンジしているのです。

あそぼう

つたい歩き開始。
壁だけを伝って（はいはいしないで）
部屋の中でどこまで行けるかにチャレンジ。

1段高いところから
後ろ向きに、そろそろそろそろ
降りようとしている。

ブロックをはめたくて
2つをかちゃかちゃ、合わせてる

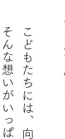

パズルを前に
あーでもない。こーでもない。

ひもとおしのひもを
通したい！

3段目のつみきが
いつもつめなくて
全部がくずれてしまう。
また最初からやりなおし。

おうちごっこの仲間に入りたいんだけど
「いーれーて」と、なかなか言い出せなくて、
もじもじしている。

あそびを受け止めることば

「何回もがんばって、はじめて〇〇できたね」
「ひとりでやろうと思って、いっぱいれんしゅうしたんだね」
「ゆうきを出して、いれて、って言えたね。よかったね」

「ねぇ、たのしいよ」「今」の楽しさを感じる遊び

家族でアメリカ東海岸のボストンに一年間滞在したとき、三歳の娘は、現地のプレスクールに週二回通っていました。週に二日だけの通園は、現地のプレスクールでは特例ではなく、他のお子さんを見ても、家庭の事情に応じた曜日での通園は一般的なことのようでした。

また、保育時間もさまざまで、保育園のように朝から夕方まで過ごし、親の都合のいい時間に迎えに行くところもあれば、登降園の時間が決まっているところもありました。同じ園でも人によって契約が違い、お迎えの時間が違う、ということも珍しくはありませんでした。

個人のチャイルドケアを利用する人もいれば、義務教育が始まるまでは親といっ

しょに過ごすという選択をする人も少なくはなく、就学までの過ごし方は日本よりも多様性があったと感じます（ただ、一言でアメリカと言っても広く、州によって教育制度が違いますので、就学前教育の事情も州や地域ごとにまったく異なるようです。ですから、このような就学前の過ごし方も、あくまで私自身が滞在したエリアでの状況です）。

保育時間だけとってもこれだけ多様性がありますから、その保育内容は園の数だけ違います。学習要素の強いところもあれば、個人のシッターさんのお家でゆったりと過ごすところもありましたが、娘の通っていたプレスクールは、工夫をこらした遊びのプログラムを実施しているところでした。

園に慣れるまで、登園して気持ちを切り替えることがむずかしい時期がありました。そんなとき先生は「いっしょに作品をつくろう」と制作のテーブルに娘を誘います。ある朝は、真っ白い紙の隣に、絵の具を入れたお皿とトンカチがありました。「今日はハンマーアートよ」と、娘にトンカチを手渡します。青い絵の具、とん。青い丸ができました。次は赤、とん。今度は、少しこすってみます。丸から違う形に。

すると先生が「こうするのよ」と、トンカチを手に取ると、勢いよく紙に「ぱん！」と打ち付けました。ぱっと絵の具がひろがった模様になります。娘もまねして、どん！どん！と、たたきます。

かいているんだか、たたいているんだかわかりませんが、なんだか盛り上がってきます。たたくことが楽しい。色が飛び散るのが楽しい。いろんな形になるのが楽しい。そんな様子を見て、私はそっと部屋を出るのでした。

園では毎日プログラムのテーマがあり、そのテーマに合わせて、手先を使った遊び・体を動かす遊び・制作遊び・絵本などが用意されていました。だから毎日違った「制作」の作品を持って帰ってきました。活動の様子の写真を、先生がメールで送ってくれることもありました。

ある日の写真は、こどもたちの顔と同じくらいの大きさの黄色のふさふさモップを手に、真剣な表情の娘でした。右手のふさふさには水色、左手のふさふさには赤の絵の具がべったりついています。どうやら、このでっかいふさふさを筆にして絵をかいたようです。その日持ち帰った絵は、あじさいのよう。細い筆で描いたような模様が集まった、ぼんやりとまるい、色のまとまりでした。明らかにあっちもこっちも紙からはみ出しています。娘は「これねー、きょう、かいたんだよ〜！」とそれはそれは得意気でした。

なかでもびっくりしたのは、複数の色が現代アートのように混じり合った絵。絵の具で自由に描くと、娘は絵の具で塗ることが楽しすぎて、混ぜて混ぜてすべて茶色にしてしまうことが多いのに、この日ばかりは適度なところで止めていて、個々の色を

ふさふさモップで絵を描く娘。

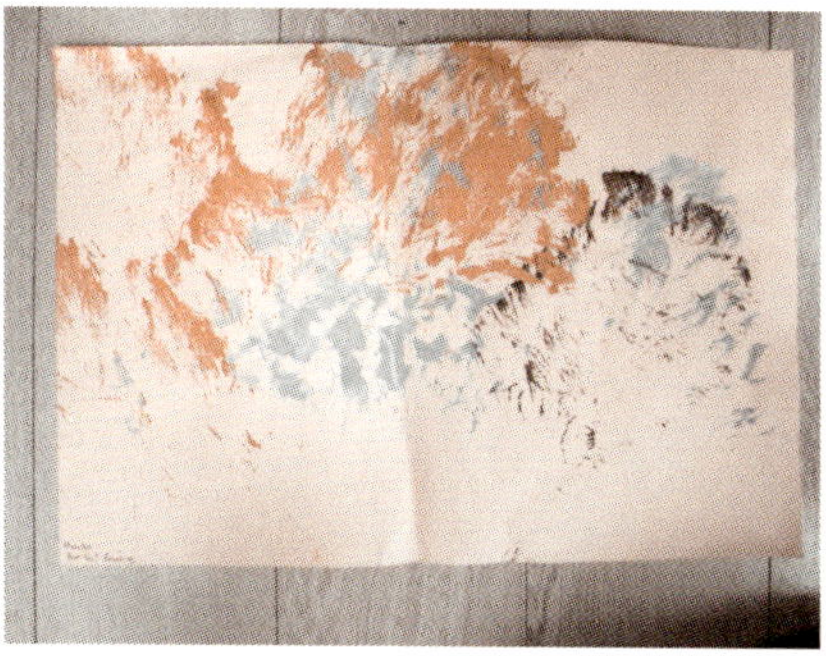

現代アートみたいなものが完成。

残しながらも微妙に混ざり合う様が、幻想的です。

今日はフィンガーペイントかな、と思って話を聞くと、「みえないところでかいた」と言っています。先生に聞いてみると、箱の中に手を入れ、中がまったく見えない状態でかいたフィンガーペイントだったのです。一人ずつ、箱の中に手を突っ込んでは、指先で絵の具を探りながら描いたそうです。

「楽しんでいたわよ」と話してくれました。指の感覚だけを頼りに気持ちを集中させたとき、直にさわった絵の具はどんな感触だったのでしょう。


大人たちは、「上手に描こう」と思います。でも、そもそも手元が見えない状態では、上手も下手も関係ありません。そこにあるのは、絵の具の感触を楽しむことと、どんな絵になったかな、とわくわくする気持ちだけです。

本来、こどもにとっては描くことそのものが遊びですが、大人は、つい「上手に描けたね」と、その仕上がりだけに目を向けてしまいます。だからこどもにも、「上手に描くことが大事」と、結果の良し悪しを意識する価値観が伝わります。

一方、このプレスクールのプログラムからは、「上手」という言葉では評価できない作品が生まれます。それが「仕上がりだけではなく過程にも目を向けてみましょう」と言わなくても、自然に、「うわぁ、楽しそうだね」「どうやって描いたのかな?」と声をかけてあげられる仕掛けになっているのです。

遊びはそもそも目的を持たないものですから、結果は、わくわくを味わったあとに偶然生まれたものに過ぎません。そして、仕上がりを気にしないからこそ、絵の具がとび散るおもしろさ、色が混ざり変化する不思議、絵の具のにおいや感触……と、絵を描くことの魅力を、存分に味わうことができるのです。

大人がその過程に言及することで、こどもたちも、結果だけに左右されるのではなく、その取り組みそのものにも価値を感じるようになります。

結果や仕上がりという「未来」ではなく、遊んでいる「今」の楽しさを大事にするこどもたちは、そのことの本質的な魅力を、味わっています。

遊んでいる「今」をわくわく楽しむからこそ、できばえや評価に左右されない本質的な魅力に気づきます。

「今」を楽しむあそび

あそぼう

あそんでみましょう

遊びのなかで「今この時」を楽しむことは、大人よりもこどもの方が得意かもしれません。色の塗り方や使う画材を変えたり、どんなふうになるかなと話したりしながら、描くことそのものを楽しみましょう。過程を楽しめるようになれば、最初は思いもつかなかったおもしろい描き方が思いつくかもしれません。

こすりだし

［準備するもの］
厚すぎない紙（お絵かき帳くらい）
クレヨンまたは色鉛筆
凹凸のあるもの（落ち葉・うちわ・段ボールなど）

紙の下に凹凸のあるものを置きます。
紙の上から、クレヨンや色鉛筆で色を塗ります。

さくらの葉（色えんぴつ）

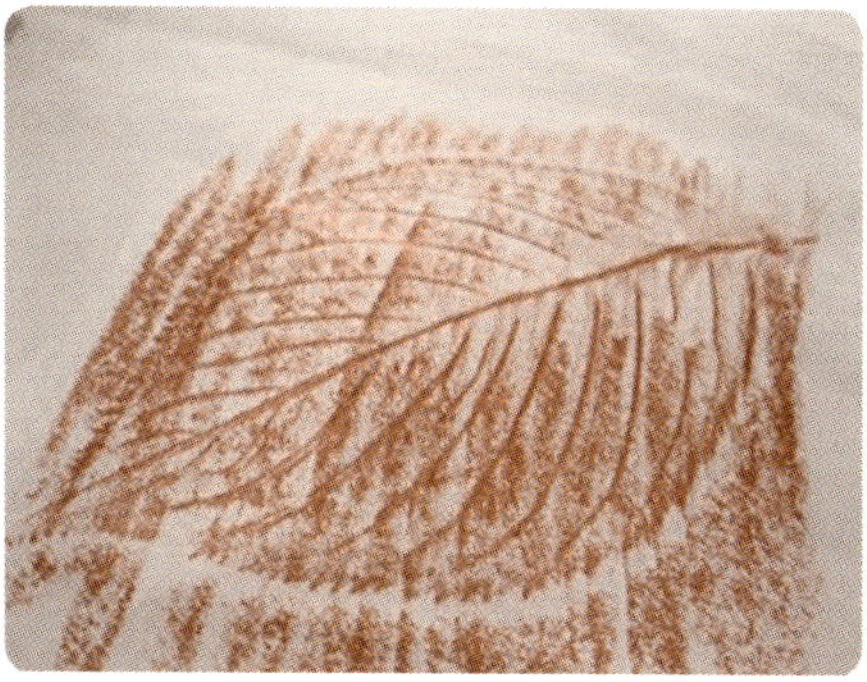

さくらの葉（クレヨン）

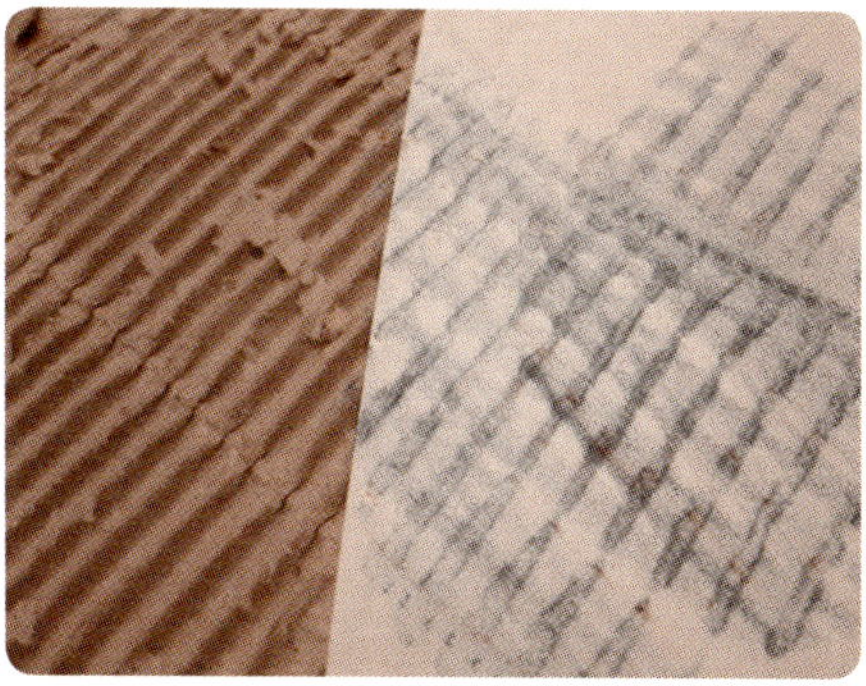

段ボールの内側のでこぼこ

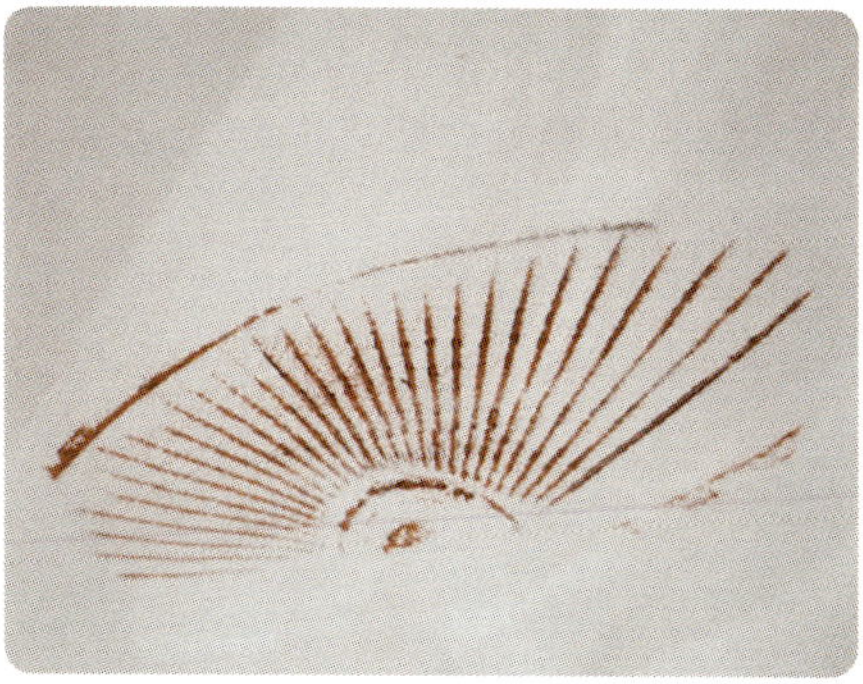

うちわの骨

あそびに興味をもつことば

（でこぼこを指でさわってみて）
「指でさわったら、ガタガタしているよね。色を塗ったらどんな形になると思う？」

あそびの発展

- 家の中のあちこち（壁紙やタイルなど）や屋外に、おもしろい形を探しに行っても盛り上がります。
- 写し取ったものが何の形かを当てあうクイズもできます。

「いーことかんがえた！」
アイディアのひろがる遊び

どんぐりを見つけると、つい拾いたくなります。大人だってそうですから、こどもにとって、どんぐり拾いができる公園は、「たからの山」みたいなものです。

ある小春日和の午後。女の子二人が、その「たからの山」みたいな公園で、どんぐりを拾い始めました。

最初は「あっ、どんぐりみーつけ！」と、手に握りしめていましたが、小さなこどもの手では三つが限界。拾ってはこぼし、拾ってはこぼし……と何度か苦心するうち、置きっぱなしになっていた、おもちゃのバケツを見つけました。

さあ、ここから一気にどんぐり拾いです。大きくってつやつやしているほうがうれしいのも、「ぼうし」付きだと特別な気分になるのも、今もむかしも変わりません。

バケツいっぱいにどんぐりを拾った大満足の二人。

「じゃあさー、食べよっか？」

と、どんぐりが食事に早変わり。すべり台の下に、秘密基地のようなミニサイズのテーブルとベンチがあり、そこで、二人のパーティーの始まりです。

「パンくださいな」

「はいどうぞ」

「おにくもください」

「いいですよ〜」

と、バケツを抱えた一人のほうが、ちょっと主導権を握っています。

「もっとくださいな」

「もうだめです」

「……じゃあ、このお金でくださいな」

と葉っぱのお金とどんぐりを交換。そのとき、二人が同時にひらめきました。

バケツのなかのどんぐりを台の上にきれいにならべると、お店屋さんのできあがり。お金は葉っぱです。ここでもぼうし付きは特別。ぼうしだけでも売っています。最初はケーキ屋さんだったのに、途中からアイスクリーム屋さんに変わっていました。どんぐりアイス、食べやすそうな大きさです。

ちょうどすぐ脇に、トンネル状になった乳幼児用の短いすべり台がありました。

「じゃあ、こちらからお渡ししますね～」

と、大人みたいなことを言うと、すべり台の上と下で必死に手を伸ばして、商品のお渡し。あれ、でも、届かなくっても、渡せるんじゃないかな。ころころ……どんぐりを転がします。

楽しいに決まっています。一個ずつころころ転がしていたのが、そのうち、二個になり、両手いっぱいになり、最後はありったけ全部。

もう一回やろう、と、またバケツにどんぐりを集めると、一気にざざざ～っ。

そうこうしているうちに、帰宅時間になり、まだまだ遊びたい、という女の子たちをなだめながら、公園をあとにしたのでした。

こどもの何気ない日常です。この日は偶然、どんぐりというスペシャルアイテムがあったので、遊びも特別に盛り上がりましたが、こどもたちはこんなふうに、遊びな

どんぐり並べてお店屋さん。

こちらからお渡ししますね。

ころころ転がそう。

がらふと新しいことに気づいたり、おもしろそうなことを思いついたとき、いともたやすく遊びを変容させていきます。

それは、遊びのなかに、こうしたらどうなるだろう、やってみようという探求する気持ちがあるからです。

たとえ遊びが変化しても、こどもたちが移り気なのではありません。

この場合ならば「どんぐり」というひとつの対象にずっと集中し、それをおもしろく遊び尽くそうとする思いの表れなのです。遊びが変容するときは、こどもの好奇心と独創性が目いっぱい発揮されているときです。

実はこのとき、大人たちは、こどもの遊びがマンネリにならないように、少しばかり手助けしました。バケツがあったよ、と声をかけたこと。こどもたちだけで遊びが前に進まなくなったとき、こっそり葉っぱを差し入れたこと。

こどもの遊びがあまりコロコロと移り変わると、大人としては、時にいっしょに遊びにくいと感じることもあるかもしれません。でもこれは、こどもが遊びの対象そのものに向き合って、さまざまに試そうとする興味関心の表れ。

こどもの目線を想像しつつ、変容するさまを味わえると、こどもが何に興味を持つのかが、少し理解できるかもしれません。

息子の保育園での親子遠足のときは、どんぐりや木の実、葉っぱを集める遊びのあと、工作をしました。画用紙でつくったこどもの頭サイズのわっかに、集めてきたどんぐりや葉っぱを貼って、冠をつくるのです。これもちょっとした提案で、どんぐり集め・木の葉集めという遊びが、工作へと変わっていきました。

台紙の画用紙が見えなくなるほどたっぷりの葉っぱやどんぐりをつけた冠をかぶっ

たこどもたちは、王様や王女様、インディアンやうさぎになって、広場へと遊びにいってしまいました。そこから、秋の冠パワーで別のものに変身したこどもたちの、新しいごっこ遊びが始まっていました。

遊びが変わるとき、大人のちょっとした提案がこどもの発想をひろげることがあります。

でも、大事なのは、大人が手助けすることではなく、そのときのこどもたちの気持ちがどこを向いているのか、こどもの目線で感じること。

次から次へと変容していく遊びは、もっとこうしたら楽しそう、と新しいアイディアをどんどん思いついては試し、自分自身がほんとうに楽しんで遊ぼうとする創意工夫の現れなのです。

遊びは形を変えることがあります。それは、楽しむための創意工夫と好奇心、その子らしさの表れです。

あそんでみましょう

思いついたアイディアをやってみるあそび

素材がシンプルなものは、ひとつの材料でいろいろな遊び方ができるので、遊びを変化させることができます。なかでも新聞紙は、たくさんの遊びができる優れもの。ここに載せたのはほんの一例。こどものアイディアで、まったく違う遊びに発展するかもしれませんね。

新聞びりびり

［準備するもの］　新聞紙、四十五リットルのごみ袋

あそぼう

折り紙にしてかぶとを作ったり
頭の部分に穴をあけて、ドレスにしたり
新聞紙を使って変身ができます!!

新聞紙の真ん中に少し切れ目を入れ、
大人が両手でしっかり持ちます。
新聞紙めがけて、勢いよくパンチ!!
新聞紙がびりっとやぶれるのが快感です。

あそびに興味をもつことば

「新聞紙を、びりびりやぶいちゃおう」

「新聞紙には、あそびがかくれてるんだよ。

どんなあそびがあるか、さがしてみようか？」

散らばった新聞紙を、
ぜーんぶごみ袋に入れましょう。
クチをしばったら、大きな風船の完成。
投げたり、転がしたりして遊べます。

小さく小さくちぎったら、
紙ふぶきにすると楽しいです。
お互いにかけあっても、大丈夫。

左右から引っ張って、
びりびりやぶくのも楽しいですね。

「じぶんたちだけで　できるよ」
自立のある遊び

チルドレンズ・ミュージアムは、こどものための博物館というよりも、こどものための遊び場という印象に近く、アメリカ国内に何か所もあります。日本でいうところの「屋内遊び場」とか「こども遊園地」と同様の、一般的な呼称で、それぞれのチルドレンズ・ミュージアムに、独自の魅力があります。

そのなかでも、ボストンのチルドレンズ・ミュージアムは、一九一三年につくられた歴史のある施設で、「自発的に見て・ふれて・試して・理解する」という「ハンズ・オン（体験学習）」のコンセプトはここから世界にひろがった、と言われている場所でもあります。

でも、こどもにとっては、そんな理屈や背景を知らなくても、いいものはいい。楽しいものは楽しい。そして、大勢のこどもたちで今もにぎわっているボストン・チルドレンズ・ミュージアムは、こどもにがっちりと支持されつづけているのです。

ボストン・チルドレンズ・ミュージアムのなかは、いくつかの部屋に分かれていま す。

「シャボン玉」「ボール転がし」「工作（アトリエ）」などの部屋は、同じテーマで遊べる複数の道具が並んでいて、ひとつのテーマを深めて遊ぶことができます。

一方、「建築現場」「ぼくらの街」「宇宙」「エネルギー」など、それぞれ場面が設定された部屋では、それぞれの情景の中に、身体を動かす遊び、ごっこ遊び、クイズやパズルなどの遊びがちりばめられています。それぞれのシーンの登場人物になり切りながら、自然と遊びを体験するしくみです。

たとえば、「建築現場」には、建築をテーマとする色々な種類の遊び道具がありました。積み木やブロックもあれば、働く車のミニカーを走らせる道路もある。建築現場風になった遊具もあれば、こどもサイズのショベルカーとヘルメットも準備されている、という具合です。

また「ボール転がし」の部屋は、科学博物館で見られるような、ボールを転がして物理的な興味を喚起するための遊びの道具が何種類も置いてあります。

この部屋には、他の博物館に比べて特徴的だと感じたことがふたつありました。

ひとつ目は、複数の遊びが、すべて共通の「ゴルフボール」を使っているので、部屋全体が同じひとつの遊び空間として成立していること。

遊ぶ様子を見ていると、らせん状にボールが転がってくる遊びに熱中していたと思ったら、そのままボールを抱えて、となりのふたつのレーンを転がす遊びに移ったり、また元のらせんに戻ったりと、複数の遊びを自由に行き来しているのです。自分の遊びたいボールが足りなくなったから、隣のところからボールを拝借してくるこどももいました。

V字状のレーンを転がるボールが行き来するのも、高いところから落としたボールが山の軌跡を描いて転がっていく様子も、共通の何かを持った「転がる」現象なんだ、ということを、こどもは直感的に感じているようでした。そしてまた、同じボールというちょっとしたツールの工夫によって、ひとつ何かに興味を持てば、それを糸口に他のものでも遊んでみたいと思わせるようになっていました。

ただ転がしてみるのが楽しい。

レーンの高さは2メートルくらい。転がすとどうなるんだろう？

ふたつ目が、こどもに対しての余計な説明がいっさいなく、理屈抜きで自由にボールを転がして遊んでいることでした。

こども向けの施設を見ていると、こどもに「教えたい」「伝えたい」「気づかせたい」という大人の意図が感じられることが多いです。何か知識を「教える」もの、知識から得られるメッセージを「伝える」もの、あるいは、それらに直接は言及しなくても、メッセージに「気づく」ような仕組みを用意するもの、など。

でも、このコーナーには、いさぎよいほどに説明がなく、純粋に楽しめるようになっているのです。

つくり手の、科学のおもしろさに対する自信と、こどもに対する信頼を強く感じました。とくに大人がメッセージを込めなくても、科学のおもしろさをそのまま味わえる遊びはこどもを夢中にさせ、夢中になったこどもはきっと何かに気づくはず、と。

実際、こどもたちの滞在時間は長く、きっと自分なりの疑問や発見、考えたり試してみたり見つけ出したりすることのおもしろさを、自分の心に持ち帰っていると思うのです。

ボストン・チルドレンズ・ミュージアムでとくに人気の遊び場のひとつが、入口のすぐ前にある、吹き抜け三階分の高さにそびえるタワーです。ひとつひとつのパーツはなだらかな曲線を持つじゅうたん張りの板。外側はネットで覆われています。

高くのぼっているという恐怖やプレッシャーを感じることなく、興味を持つままにじゅうたん張りの板の上をはっていけば、いつしか三階分の高さにまで到達してしまう、という魔法のような遊具。時おり、上下の板の隙間が極端にせまいところがあるためか、大人は誰も入ろうとしません。

のぼってみたくて仕方ないこどもたちはだれの助けも求めず、自分で勝手に進んでいきます。ネット一枚だけれど、大人の手の届かない世界です（ずっと後で、親しくなったスタッフの方に聞いたら、「実は大人も入ってもいいんですよ〜」と話していましたが、なにか、大人は寄せ付けないような、入ってはいけないこどもの聖地のような、そんなたたずまいがありました）。

はじめて訪問したとき、息子は六歳、娘は二歳でした。二人は思い思いにのぼっていき、最初のうちは、時々「おーい」と上から手を振ってくれました。だんだん高くなり、気がついたら大人の背より高いところへ。次は二階と同じくらいの高さへ。

あっという間に三階の高さへのぼっていきます。

二人とも怖がる様子もなく、得意気な様子で上から手を振ってくれます。ただ下から見ていると、時々、兄が妹の手をひいたり、ちょっと助けているような姿が見られるのです。外から見ていると、どこが通りにくいのか、怖く感じるのかわかりませんが、なかにいる当事者同士には感じあえるポイントというのがあるのでしょう。

大人がいると、こどもはいつまでも頼ってしまいますが、大人がいなければ、自立し、時に助け合うものです。

ふだん発揮していないけれど内に持っているチカラを引き出す仕組みが、このネットの向こうにあるんだな、と感心しながら見上げていました。

ところが、しばらくすると、こどもの泣き声が聞こえてきます。娘の声のようです。タワーの隣の階段で三階までのぼってみると、いちばん高い、行き止まりのところで、娘が泣いていました。

小学校三、四年生くらいのこどもが何人か近づき、かわるがわる手を出して、いっしょにおりようと声をかけてくれるのですが、まだ言葉のわからない娘は頑なになって、どうにも動けません。たぶん、大したことではなかったのでしょうが、意思疎通

ボストン・チルドレンズ・ミュージアムに入るとまず目につくタワー。

(Photo by TheBostonianLonghom)

ネットで覆われた起伏のある道を
こどもたちは冒険します。

ができなくて、どうしていいかわからなくなってしまったのでしょう。

タワーの中くらいをマイペースにのぼっていた息子を見つけて、妹を助けに行くように依頼。息子が行ったところでようやく娘もおりてきました。

外から様子を見ていたスタッフさんが、三階から抜け出せる特別なドアを開けてくれて、娘は外に出ました。そして、階段を一階までおりると、何もなかったかのように、ネットの中に入り、のぼっていきました。まだ終わりたくなかったようです。

この遊具にも、先のボール遊びと通じる、こどもに対する信頼があるように思いました。いざという時の通路は用意してあるけれど、基本的には、こどものことはこども同士で解決できる、だから大丈夫。そう信頼しているから、こどもがのびのびと、いつも以上の力を発揮し、自立して遊べる遊具が実現しているのです。このときだって、大人たちが外から手を出してしまったけれど、たとえ手助けしなくても、きっとこどもたち同士で解決できたと思うのです。

こどもが自発的に見て・ふれて・試して・理解する、というチルドレンズ・ミュージアムの仕組みの一〇〇年にもわたる歴史の長さは、大人が教え導かなくても、こどもたち自身が気づくんだ、という信頼の積み重ねの厚さのように思いました。
あえて大人がかかわらないからこそ、こどもは自立し、自主的な気づきを得るのです。

たとえ大人が関わらなくても、
こどもは自分自身で感じ、考え、行動して、
そこから、自分の持つ力に気づきます。

あそんでみましょう

自分でやりとげるあそび

体験型ミュージアムに行ってみよう

観るだけではなく、触ったり、実験したり、作ったりなど、こどもたち自身が「体験」できる要素のある施設を総称して、ここでは「体験型ミュージアム」と呼んでいます。
科学博物館での実験あそびや、仕事体験の要素がある工場見学、展示品に乗ったり運転したりできる乗り物系博物館など、多くのこども向け施設が「体験」を重視する傾向にあります。

［準備するもの］　ミュージアムのガイド（サイトの印刷でもよい）

あそぼう

行く場所を自分で決めると
やる気が高まります。

2、3か所候補を選び
「何ができるのか」を
簡単な言葉で説明して選びます。

終わってから「楽しかった？」と聞くと
「楽しかった」という答えしか返ってきません。
「どんなところを工夫した？」
「一番がんばったのはなに？」と
体験の内容や気持ちを具体的に聞くと
会話がふくらみます。

体験中は、大人はなるべく手を出さない。
口を出さないこと。

大人が手伝ってうまくできることよりも、
少しぐらい失敗しても自分でやることの方が
ずっとすてきです。

あそびに興味をもつことば

「今度のお休みは、いつもと違うことができるところに行ってみよう」
「どんなふうにやるのかな？　パパ（ママ）もやったことないから、あとで教えて」

「いっしょに　あそぼ」
人と人とがつながる遊び

授業が終わるや否や、カバン片手に校庭に飛び出す男の子たち。目的はサッカーです。サッカーと言っても向かう先は、グラウンドではなく、校舎の近くにある噴水。夏の間、水遊び用の水が噴き出す場所は低いブロックで丸く区切られ、小学校にある噴水は、水遊びシーズン以外は「サークルサッカー」を楽しむ小学生たちで賑わっていました。

その水遊びのエリアは、直径五メートルくらいの円形です。まわりを囲っているブロックは、こどもが座るのにちょうどいい高さなので五十センチほどでしょうか。その円の四方にブロックが切れたところがあります。このブロックが切れた四か所が、「サークルサッカー」のゴールのようです。

プレイヤーは四人。一人がひとつゴールを守ります。ルールは単純で、自分のゴールにボールを入れられたら、その人が抜けて次の人に交代。ゴールには転がして入れなくてはならず、ブロックの高さを超えるシュートは「高すぎー」と、無効になります。

順番を待つ選手たちは、丸い噴水のブロックに腰かけて、のんびりと待っています。いっしょに遊びたいこどもは、「いーれーて」とも何も言わなくとも、ただその列の一番後ろにちょこんと座っていれば、ちゃんと順番がまわってきます。

そんなふうにして、下はキンダーガーデン（幼稚園に相当）の子から、上は六年生くらいまで、多国籍なこどもたちが、自然とひとつの輪になって遊んでいるのです。

しばらく見ていると、上級生のこどもたちが、上手に力加減をしてくれていることに気づきます。上級生が低学年のゴールにシュートを決めることはなく、上級生は上級生同士で競いつつ、低学年の子にもボールを回してくれるのです。うっかり上級生の打ったボールが低学年のゴールに向かうと、華麗にボールをさらって、相手のゴールをねらい返してくれることだってありました。でも、低学年のこどもたちは、まだまだそんなことには気づかず、「おっきい子といっしょだったのに、五回も残ったんだよ！」なんて、誇らしげに話してくれたりするのです。

これはボストンで息子が通っていた小学校の放課後の風景です。私たちの住んでいたエリアは海外からの居住者の多いところで、息子の学校も多国籍、そして、こどもたちもその環境に慣れている様子がうかがえました（アメリカでは、日本に比べて多人種多国籍の人たちとともに過ごすチャンスが多いですが、必ずしもすべてのコミュニティがこんなふうに開かれているわけではないらしく、ほんとうに環境に恵まれていました）。

同じひとつの遊びが、こどもたちを自然な形で結びつけ、人とのすてきな出会いを味わう場になっていました。そして、コミュニケーションのハードルをぐっと低くしてくれたように感じます。

もちろん、遊びがこどもを結びつけるのは、海外生活に限ったことではありません。帰国してから、田植え体験のイベントに参加したときのこと。東京近郊から集まったこどもたちは、ほぼ初対面。それでも、大人たちが自己紹介を始めるよりも前に、こどもたちは落ちていた虫取り網を見つけて、小川の生き物採

「サークルサッカー」の様子。
左端が切れていてわかりにくいのですが…ブロックで囲まれた円形のエリア。

ここがゴールです。

りをともに楽しんでいました。

田植えが始まっても、彼らは虫とカエルを探すのに夢中。いちばん年上だった二年生の男の子たちをリーダーに、カエル探し隊が結成されていました。あぜ道や、草のなか、農機具小屋の裏。田植え（大人たちにとっては遊び体験に近く、わくわくと熱中するものでしたが）に没頭する大人たちが顔をあげるたびに、彼らは違うところにいました。

カエル探し隊は、途中で鬼ごっこに変わり、最後にはトンボ探し隊に編成変えをしたようです。メンバーも、親のところに戻ったり、休憩したり、と適宜入れ替わりながら、川に落ちそうになったら助け合い、順番や時間などの簡単なルールを決めながら網を交互に使い、時には近くの公園まで遠征しながら、すっかり意気投合して走り回っていました。

答えのない、自由な遊びが展開されていたからこそ、彼らは自分たちにとって居心地のよいルールをつくり、仲間として遊べたのかもしれません。

帰り道でわかったことですが、彼らはお互いの名前も年齢も知らないままでした。それでも、なんとなく見た目の雰囲気で場を引っ張る人がいて、助け合う人がいて、それぞれに快適に過ごしていたのです。

また、このときは目に見えるトラブルはありませんでしたが、こどもだけで遊んでいると、時にこども同士の関係がうまくいかないこともあります。

物の取り合いや、うっかりぶつかったという些細なこともあれば、お互いの意見が合わずに激しい口論になる場合もあります。

大人が介入したほうがいいのかどうか、判断が難しいところですが、トラブルだからといって即座に間に入るのではなく、少し様子を見たほうがいいです。

こどもたちは、トラブルのなかからも、人と人との距離を学んでいきます。

保育園、幼稚園や小学校でも、お互いの身体や心を傷つけることのないように目を配りつつ、先生方もあえてこどもたち自身に解決をゆだねることがあるようです。

そのうち、当事者の仲をとりなそうとするこどもが現れたり、お互いに自分の想いを言葉にしたりと、こどもなりに解決できることもあります。解決できないときには大人が手助けしますが、そのときも「だれが悪い」と裁くことが目的ではなく、こどもたちが相互に自分の想いを伝え合えること、そして、相手にも想いがあることに気づくことが大切。

親同士だと、つい、「ケンカはいけない」と、始まる前から静止したくなりがちですが、こどもたちはトラブルのなかからも、人と人との関わりを学んでいます。時には大人が介入しないほうが、こども同士の理屈のなかで、納得できる解決策を見つけられることだってあるのです。

遊びのなかで、楽しさや達成感を共有し、時にトラブルも経験しながら、こどもたちは、人と人との関わりを学びます。こどもたちにとって、同じ遊びの楽しみを共有できる仲間との関係は、ひとつの社会なのだと思えてなりません。

遊びは社会をつくります。遊びのなかで協調もトラブルも経験しながら、こどもは人との関わりを学びます。

あそんでみましょう

人とかかわるあそび

こどもたちは、遊びの中で人との関わりを経験していきます。身近な公園にも、初めての人との接点があり、こどもたちは、時に一瞬で意気投合したり、時に様子をうかがったりしながら、他の人と関わる経験を重ねています。

あそぼう

すべる方からのぼってくるこどもと、
階段からのぼってすべりたいこども。
はち合わせしても、
自分たちで解決できる。

砂場遊びの道具を
貸してもらって
いっしょに遊ぶ。

あそびを受け止めることば

「はじめてのお友達といっしょにあそべてうれしかったね」
「おもちゃを貸してあげられて、やさしいね」
「ブランコの順番を替わることができて、すてきだったね」

知らないおばあちゃまに
話しかけていただく。

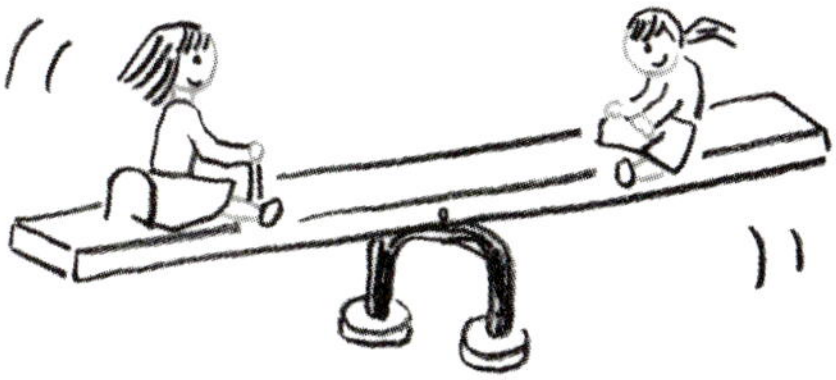

はじめて出会った2人が
自然にシーソーの
両側に乗っている。

ブランコの順番が待てる。
あんまり順番待ちが長いと
「かーわって」とたのめる。
乗りたい人がたくさんいるので
2人乗りをして、一度にみんなが
乗れるように工夫する。

chapter 3

あそびとおとなの関わり

こどもの自由な遊びを促すために、大人はどんな風に関わればいいのでしょうか。
大人が何もしないでいれば、もちろん、こどもは自由に遊びます。

けれど、同じように「何もしない」でいても、
こどもの遊び方に目を留め、見守っていれば、
こどもの遊びはまた違った風に展開します。
時には直接遊びに加わることで、こどもの世界を広げられることもあります。

こどもたちが持っている「自由に遊ぶ」チカラをもっともっと引き出すような、
そんな関わり方のヒントをお伝えしていきたいと思います。

信じて待つ

こどもとの関わりのなかで、大人にとってシンプルだけれどむずかしいことのひとつは「待つ」ことです。それは大人のココロを鍛えないとできない、けれどこどもがのびのびと遊ぶためには欠かせないことで、それもただ待つのではなく、こどもの成長や可能性を「信じて」待つことが大切です。

こどものペースを待つ

一歳から三歳のグループで、クレヨンを使ったワークショップをしたときのことです。

一歳の女の子二人は、クレヨンを使うことがはじめてでした。クレヨンでぐるぐるかいて、かたつむりをつくろうね、と見本を見せると、かたつむりには興味津々。けれど、クレヨンを前にすると、さて、どうしたものか、とぴたりと動きが止まっていました。もう少し大きいこどもは、楽しそうに手を動かしています。

「かきかきしようか」「どの色でかきたいかな」と、お母さんたちがいろいろ話しかけるも、無反応。

どうなるかと心配しましたが、このときは、お母さんたちが、ほんとうに辛抱強く待ちました。

大人にとっては待ちきれないほど待った末、そろそろと手を伸ばしてクレヨンを手にとり、紙の上でぐりぐりと動かしたのです。

「かけたねー」と大人たちが大喜びするなか、ぼんやりと緑色の線が描かれた、ちいちゃなかたつむりが生まれました。

「はじめてクレヨンが使えてうれしかった」と話すお母さんたち。今までは、クレヨンを見せても反応がなくて、まだ興味がないのかと思っていたのだそうです。

まだ使ったことのないクレヨンを前に、何かな、どうしようかな、さわってみようかな、と、こどもの心がじわじわと動いている途中で、片づけてしまうこともあったのかもしれません。使ってみよう、と行動にうつすまでには、きっともう少し時間が必要だったのですね。

大人にとっては、クレヨンでかく、なんて当たり前のことなので、なかなかこどものペースで待てずに、横から手を出して代わりに塗ってしまったり、興味がないと思い込んでしまったりします。

でも、こどもの時間のペースをじっくりじっくり待てば、こども自身の力でできることもあるのです。

時間の流れを待つ

積み木遊びというと、「積む」ものだと思ってしまいます。

でもこどもにとっては、積むことは、積み木でできるさまざまな遊び方のひとつにすぎません。年齢にもよりますが、最初に積み木を手にしたときには違う遊び方から入ることが多いです。

たとえばゼロ歳の赤ちゃんに積み木を渡すと、なめたり、落としたり、と積み木そのものを知ろうとすることが遊びになります。そこから、ふたつをカチカチと合わせてみる、床に並べる、……というように、遊びがひとつずつひろがっていくのです。積み木そのものを何かに見立てて遊ぶこともあります。

そして、積むのは、そんな一連の遊びを経て、一歳も過ぎてからのこと。

そこに至るまでの遊びひとつひとつが、こどもにとっては楽しい時間です。

「積み木は積んで遊ぶものだ」と思いこんでいると、「こうやって積むのよ」と、教えてしまいたくなります。

でも、こどもは、いつか自分で積むことを発見します。

少し辛抱強く、見守ることができれば、こどもは、自ら発見する喜びを得ることができます。

こどもの時間には、心が動くまでの時間だけではなく、成長して変化し何かができるようになるまでの時間もあります。

こども自身には大人のような時間の感覚がなく、今だけを生きている存在ですから、大人とテンポが合わないことも当然。

けれども、こどもにとっての時間の流れ方に時に想いを馳せ、「待つ」ことは、こどもの関心や好奇心や意欲を育むためには、ほんとうに大切なことです。

こどもの時間の流れは大人とは違うことを意識して、信じて待ってみましょう。

大人も楽しむ

楽しく遊ぼう、と言いながら、いっしょにいる大人がつまらない顔をしていたら、こどもは心から楽しむことができません。いっしょに遊んでも遊ばなくても、その場を共有している大人が楽しい気持ちでいることが大切です。

こどもの心で楽しむ

こどもに「あそぼーよー」と誘われたとき、どうしていますか？

仕方ないなぁと重い腰をあげて、こどもの言うままにお店屋さんごっこのお客さんになったり、もう一回もう一回とせがまれて延々「ひこうき」を続けたり。正直面倒くさいなぁ、なんて思っていると、こどもにばれていて「ちゃんとやって」と怒られてしまったりします。

毎日毎日、こどもと同じ気持ちで遊ぶのはなかなかむずかしいです。遊びが専門のこどもと違い、今晩の夕飯の段取りや、明日の仕事のことを考えていると、遊んでる場合じゃないよ、なんて思ってしまうことは、だれにでもあります。

ならば、たとえば休みの日に、家事も仕事も忘れて目いっぱい遊ぶぞ、という時間をつくってみてはどうでしょう。

可能ならば、家から外に出て、目の前の現実から目をそらせるところへ場所を移すほうがよさそうです。出かける先は近所の公園でも児童館でもいいのです。大人たちが行きたいと思う楽しい場所まで足を向けてもいいかもしれません。

そして、そのときばかりは、こどもと遊んであげる、ではなく、自分も楽しく遊びたい、という気持ちを持つほうが、盛り上がります。

キッザニアでは、「自分でやりとげる」という経験を尊重するために、こどもは親御さんと離れて体験をすることが基本ですが、一度だけ、親子がいっしょに体験するプログラムを企画したことがあります。

キッザニアの施設を出て、実際の職場で時間をかけた仕事体験を行なうプログラムの一環で、「米作り体験」をしたときのことです。

このときは、田植え・草取り・稲刈り・お米のパッケージデザインという仕事を、親子でいっしょに体験してもらいました。

私たちにとっては初の試みで、不安もありましたが、その心配は不要でした。保護者にも田植えや稲刈りという体験をしたことがある人は少なく、「やってみたい」という想いが強かったこと、わが子に対して先回りして教えることができなかったことがよかったようです。全プログラム、保護者もこどもと同じ目線で楽しみ、驚き、時に失敗（田んぼで尻もちをついて泥まみれになったり）することができたのです。

自分の親を見るこどもたちがうれしそうだった、と、同行したスタッフが話していました。

こどもと遊んであげるのではなく、大人が目いっぱい楽しむこと。その心からの気持ちが、こどもの楽しさを盛り上げます。

寄り道を楽しむ

家族で楽しもうと思って張り切って出かけたのに、こどもが歩かなかったり、目的じゃないものに興味を持ったりして、「早く早く」と急かしてばかり、結局ちっとも楽しめなかった……という経験はありませんか？

動物園やテーマパークに行こう、と計画を立てると、大人は自分の経験のなかから、こどもにあんなものも見せたい、こんな楽しいこともしてあげたい、とイメージがむくむくふくらみます。がんばって遠出したり、入場料を奮発したりすると、その計画はますます盛り上がります。

だから、こどもが道端の葉っぱ拾いに夢中になったり、歩きにくい歩道の縁を歩くのにこだわってなかなか前に進まないと「せっかく来たのに」と、ついイライラしてしまいますよね。

運動会代休の日、息子と二人だけで遊びに出かけたことがあります。

この日ばかりはペースを乱す妹がいないので、自分の好きなように過ごせる、と息子はうきうき。最初に博物館、その後、あそこも行こうここも行こう、帰りにソフトクリーム食べて帰ろうね、と道々計画を立てていました。

けれど、息子は最初に行った博物館が気に入り、一通り見終わったあとに「もう一回見てきていい？」と、再度館内に戻って行ってしまうほど。結局、その日はあれもこれもの計画は果たせず、博物館だけで一日が終わりました。

でも、ほんとうに自分のしたいことを存分に味わい、あぁ楽しかったなぁ、としみじみ振り返ることができる一日となりました。

遊びの計画どおりに楽しく過ごせたら、もちろん満足。でも、お出かけの目的は、計画をこなすことではなく、楽しい時間を過ごすこと。だから、たとえ予定どおりではなくても、こどもが楽しんでいる姿を見て満足する気持ちを持ちたいものです。

予想外を楽しむ

こどもの日が近づくと、こどもたちは、保育園でつくったこいのぼりを持ち帰ってきてくれます。毎年違う趣向を凝らしたこいのぼりを飾り、端午の節句を迎えたものです。

娘が二歳の年、おうちでつくったこいのぼりも飾ろう、と、工作することにしました。

そのころ、のり貼りが好きだった娘用に、こいのぼりの胴の部分を用意しました。四角いクラフト紙を二つ折りにして、端をしっぽのようにM字に切ったものです。目のパーツもつくりました。うろこ用には、カラフルな色画用紙。

しばらくして、台所にいた私のところに「できたー」と娘が満足そうに作品を持ってきました。見ると……ふくろうになっていました。私がしっぽのつもりでつくったM字の切欠きは耳になり、二つの目玉は同じ面に並んでついていました。

季節の行事を大事にしよう、と思って始めた「こいのぼりづくり」でしたから、本来の趣旨とはすっかり変わってしまいました。これが、厳密なカリキュラムに則った場所での制作ならば、「言われたとおりにきちんとつくりましょう」などと、言われてしまうのかもしれません。

でも、娘は自分がつくったふくろうに大満足です。どこに貼ったらいいかなと自分で考えて、のりも自分で使って完成させた作品なのです。達成感でいっぱいです。「自分で考えて、全部完成させたんだね。いいね」と声をかけてみました。

私も、これいいいな、という気持ちになってきました。

こどもは時折（もしかしたら、いつも）大人が思いもつかないような発想をすることがあります。

微笑ましいものもあるけれど、塗ってはいけないところに色を塗ったり、部屋に水を撒いたりと、つい怒ってしまうような事件もあります。

けれど、大人の想定と違うからって「違いますよ」といつも正すのではなく、その予想外の発想をおもしろがる気持ちも持ち合わせていたいものです。

大人の意図したとおりでなくても、自分で工夫して考えることができたのなら、それは、ちっとも「違う」ことではなく、むしろ好ましいことだと思うのです。

その年のこどもの日は、ふくろうを飾りました。ふくろうは、笑っていた気がします。

こどもの目線になって、
今、楽しいことに目を向け、
いっしょに楽しみましょう。

結果より過程に目を向ける

行動するときに、何か目的を必要としがちな大人と違い、こどもは純粋に「今この時」を楽しんでいます。

遊びにもつい成果を求めてしまう大人と違い、こどもは遊んでいる行為そのものを楽しんでいるのです。ですから、こどもの行動について、結果ではなく過程にも目を向けてみると、こどもの気持ちがもっとよくわかってきます。

過程を楽しむ

息子が三歳くらいのときのことです。

動物が好きだった彼が、もにゃもにゃとお話をつくりながら絵を描いていました。お話、と言っても、原っぱにどんどん動物が集まってくる、というシンプルなものです。「はらっぱがありましたー」「そこへー、ぞうさんがやってきましたー」「そこへー、ライオンさんもやってきましたー。がおー」などと、大好きなゾウやライオンやキリンの声色を使い分けながら、楽しそうに絵を描き進めていました。

私は、頭と身体が描けるようになって動物らしくなったな、描き終わったら飾っておこうと、仕上がりを楽しみにしながら、横で話を聞いていました。

ずいぶん動物たちが集まってきたころ、「そこへー、あめがふってきましたー！」と、なんと、せっかく描いた動物たちの上に、青いクレヨンでダイナミックに雨を降らせてしまったのです。

ああぁ、と心のなかで嘆く母の気持ちにはおかまいなく、原っぱは「それでー、よるになりましたー」とさらに黒く塗られ、最後には黒と青のぐじゃぐじゃ描きが完成しました。

息子は、ちゃんとお話が完結したので大得意です。「おしまい！」と自信たっぷりに宣言して、夜の絵を私にくれました。

こどもにとっては、「上手な絵を描く」という結果の良し悪しではなく、「絵を描く」過程そのものが楽しいのです。

ですから関わる大人にとって大切なことは、その過程の楽しさに共感することです。大好きな動物が出てきたこと、いろいろな色で動物が描けたこと、動物も仲間がたくさんいてうれしそうに見えること、など、こどもの気持ちを想像して、共感する言葉がかけられれば、こどもの楽しい気持ちはいっそう盛り上がります。

一方、つい、大人の価値観で「上手に描けたね」などと、結果の良し悪しだけに言及してしまうと、こどもには、自分が楽しいことと、身近な大人に認められることとが、重ならない違和感が残ります。

このような違和感が積み重なり、こどもが身近な大人に認められる結果だけを求めていくようになると、行為そのものを楽しむ気持ちを忘れてしまいます。

こどもが何かに打ち込み、何かを楽しめる気持ちを持ちつづけられるためにも、ぜひ、結果ではなく「過程」に目を向けた言葉をかけてあげてください。

ほめるのではなく言葉にする

ほめる育児、という考え方は、今では多くの母親たちが支持しているようです。とはいえ、ほんとうにこどもの心に響くためには、ただただ「すごーい」とくり返すことではなく、もう少し言葉を選ぶことが必要になります。

キッザニア創業のとき、スタッフたちには、「アクティビティ（仕事などのプログラムをこう呼んでいます）の終わりに、こどもたちの仕事ぶりをほめる言葉をかけよう」と伝えていました。

創業からしばらくして、あるスタッフが、気づいたことがあるんです、とこんな話を伝えてくれました。

それは、ただ「すごいね」「うまくできたね」「じょうずだね」と言っても、こどもたちは喜ばない。けれど、こどもの姿をよく見て、一人ひとりががんばっていたところを指摘すると、すごく喜んでくれる、という気づきです。だから、こども全員を違う言葉でほめるようにしています、とスタッフは言いました。

一度に六〜八人のこどもの体験をサポートし、その全員に違う言葉をかけるためには、こどもをよく見る必要があります。

「よく」見るというのは、何をしているのか、ではなく、がんばっていること・こだわっていること・できないけれど克服しようとしていることなど、そのこどもの気持ちが表れている部分を見る、ということです。

その部分に目を向ければ、同じダンスをするアクティビティでも「元気に踊っていましたね」「手がまっすぐのびてかっこよかったですね」「練習のときからずっと真剣にできていましたね」と、それぞれに違う言葉が浮かんできます。

だから、よく見て言葉にするためには、いつもこどもの「過程」に意識を払っていること、そして、それを心掛けて言葉にすることが大切です。

ただ「すごいねー」と言うだけでは、ほめ言葉として、こどもの心に届かないのです。

年長さんの男の子がパズルを完成させてお母さんのところに持ってきました。「できたね、すごいね」とお母さんはほめたのに、納得がいかない様子。よく聞くと、一週間、ずっと、あーでもないこーでもないと取り組んできて、やっと完成させたパズルだったそうなのです。

「一週間もずっとがんばって、やっとできたんだね」って言ってあげればよかったなぁ、ってあとから気づいたの、とそのお母さんは話してくれました。

こどもをほめたい、と思っている大人たちは、こどものいいところを認めてあげたいと考えているのだと思います。その気持ちをきちんとこどもに届けるために、こどもをよく見て、そして、こどもの姿を切り取るような言葉で、こどものすてきなところを伝えてみてください。

結果よりも過程を大切にしているこどもに共感し、
過程の楽しみやがんばりに目をとめて、
言葉をかけましょう。

新しい世界への誘い

こどもの自由な遊びのすばらしさを伝えてきましたが、大人のほうがこどもよりも遊びのパターンを知っている場合もあります。すてきな遊びを満喫できる場所やはじめての場所へと案内し、新しい世界のとびらを開くこともできます。

遊びの「場」をつくる

五月五日こどもの日。商店街の近くの神社は、大勢の人でにぎわっていました。決して広くはない境内には、武者絵ののぼりがあがり、土俵が設営されています。大人もこどももぎっしりと土俵のまわりを囲み、歓声をあげながら勝負の行方を見守ります。土俵上で闘志あふれる取り組みを見せるのは、三歳から小学生の「ちびっこ力士」たち。地元の神社で毎年開催している「子ども相撲大会」の光景です。

学年ごとに受付をすると、受け付け順にトーナメントで取り組み、学年ごとに優勝者を決める、という本格的なもの。運営の方たちの手慣れた様子を見ているだけでも、長らく地域に愛されている行事だということが伝わってきます。それは単に、勝敗を決めるだけではなく、始まりと終わりにきちんと礼をすること、首投げのような危険な攻め方をしたらすぐに取り組みを止めることなど、相撲とは何かを、こどもたちに伝えようとする姿勢にも表れていました。

園や学年によっても違いますが、今でも相撲が好きなこどもは大勢いると感じます。場所中のテレビ中継を祖父母といっしょに観るなど、目にする機会が意外に多いことや、シンプルなルールなどが理由かもしれません。

その相撲に、きちんと「大会」という場を与えられるこの行事は、単なるとっくみあいとは違う、こどもの遊びを本気にする要素を持っているようです。

「昨年負けて悔しかったから今年は優勝したかった」という男の子はいつもの穏やかな様子とは別人のような闘志あふれる表情で決勝戦まで勝ち残り、最後に敗れて唇をかみしめていました。負けて悔しくて大人のところに戻ってきて泣いた子も、昨年までは負けた瞬間泣いたのに全部の取り組みが終わるまでガマンできるようになったことが大きな成長です。

こうやって、遊びに本格的に取り組める「場」をつくると、こどもの気持ちはいやが上にも盛り上がります。そして、心の底から本気で遊べるようになるのです。

本物への出会い

こどものうちに「本物」に触れることがいかに大切かということを、キッザニアの仕事をしながらいつも感じてきました。

こどもだからこそ「こどもだまし」は通用しません。

キッザニアで得られるのは仕事の「疑似体験」ですが、そこで使用する機械や道具は、できる限り実際に仕事で使っているものと同じ「本物」を用意しました。そしてまた、それぞれの仕事に従事される方々から徹底的に話を聞いて、仕事への姿勢も

「本物の想い」を伝えることを心がけていました。

「疑似体験」のキッザニアで、多くのこどもたちが夢中になれるのは、その「本物」のエッセンスがあるためだと思っています。

音楽や絵画、また自然でも、ぜひこどもにこそ、本物と出会わせてあげたいものです。

芸術作品において「本物」の定義はむずかしいけれど、だれかの想いがこもっているもの・長い年月をかけて創られたもの・多くの人に愛されつづけてきたもの、などが目安になりそうです。

「本物」に出会う機会は、こどもの世界を大きくひろげるチャンスです。

心の琴線に触れるほんとうに質の高いものに接すること、それが、こどもがほんとうに大好きになるもの、打ち込めることとの出会いになるかもしれないからです。

はじめてツアーの楽しみ

はじめて親になってからは、どんな父親・母親にとっても、こどもと関わるすべてが、試行錯誤の積み重ねです。

絵本やおもちゃ、離乳食のメニューも、はじめてでわからないから、とにかく試してみるしかありません。

はじめてのお出かけにどきどきしたときから、だんだん行動範囲もひろがっていきます。はじめての児童館。はじめての親子カフェ。赤ちゃんの遊び場ができたと言えば、誘い合って偵察に行き、親子でのお出かけスポットも少しずつ開拓していくことと思います。

そして、わが子といっしょに、自分なりの「こうすればうまくいくんだ」を見つけ、お気に入りの親子スポットを見つけ、こどもに喜ばれる遊び方を見つけてきました。

このチャレンジのすばらしさは、こどもを二人以上授かった場合に、あとから気づくことも多いです。

そのときは、もういろいろ試したあとですから、親としてどうしたらいいかはわかっています。自分にとって居心地のいいお出かけスポットも、こどもに受け入れられる離乳食のメニューも、こどもの好きな遊び方も。

ところが、それは、第一子の好みであって、第二子の好みではない場合もあるのです。いろいろ試して、厳選されたよいものだけを提供していたつもりが、実はその前の「いろいろ」のほうが大事だったのかもしれないのです。

こどもにとっては、はじめて出会う「いろいろ」のなかから、それぞれに違う「好きなもの」「興味を持つもの」を見つけていくことが大切なのです。

興味のスイッチは人それぞれ違います。そして、「興味のスイッチ」を増やすためには、新しいものにふれて、「なんだろう?」「楽しそう」「楽しかった!」という経験を増やすことがいちばんです。

こども一人ひとりの目線で、ぜひ「はじめて」を味わってみてください。

何もなくても「遊び」をつくる

電車やバスなど、小さなこどもとの公共交通での移動は、慣れないうちは多少の緊張を伴います。

静かにしてられるかな、途中で退屈しないだろうか、泣き出したらどうしよう……と。

電車のなかでつり革を握りたくて駄々をこねてみたり、まだ降りないのにバスのブザーを押しちゃったり、こどもの興味を考えれば仕方ないのだけれど、仕方ないともいえないハプニングも起こります。

自由に動けない、静かにしなくちゃいけない、道具もない。でもそんな場所でも、大人が提案するちょっとした遊びが、こどもを退屈させない場合もあります。

たとえば、しりとり。くまさんのく、とか、りんごのり、とか、言葉と音の仕組みがわかっていれば遊べます。シンプルなしりとりのルールを理解するようになると、「食べ物しりとり」「動物しりとり」のように、テーマを決めてむずかしくすることもできるし、「あふりかぞう　↓　ぞうきん　↓　きんぎょ　↓　ぎょうざ……」のように、二文字でつなげる「にじとり」のような遊び方もあります。

しりとりがまだむずかしいお子さんの場合も、言葉をお互いに言い合っているだけで、なんだか楽しくなるようです。「野菜の名前を言いましょう」とか「色の名前を言いましょう」と、知っているものの名前を順番に挙げるだけでも楽しく遊べます。

三〜四歳くらいを過ぎると、なぞなぞもできるようになります。こどもが答えられることが目的ですから、むずかしいものを出す必要はありません。「あかくって、まるくって、けいちゃんが好きな物なーんだ」など、知っていて当然の問題に「なんだ〜、かんたんすぎるよぉ」と言いながら答える、そのやりとりが、こどもにとっては最高に楽しいのです。

小学生くらいになると、学校から「ひっかけ問題」を仕込んできて親になぞなぞを出してくれたりします。わざとひっかかってあげる必要はなく、そこは自然体で大丈夫。そこもやっぱり、やりとりが楽しいのです。

何もない場所でも、道具が何もなくっても、大人のちょっとの知恵と記憶とで、親子の「遊び」の時間をつくることができます。こどもたちは、遊びの内容ではなく、お父さんやお母さんが、自分と向き合って、対等に時間を過ごしてくれている、そのことがうれしくて仕方がないのです。

絵本からひろがる世界

こどもの世界をひろげるときに、ぜひ大事にしていただきたいものが「絵本」です。こどもたちにとって絵本は、広い世界へと開かれた窓のようなもの。多くの絵本をこどもとともに味わっていただきたいと思います。

息子の保育園は、すぐ隣に図書館がありました。保育園に迎えに行き、園を一歩出ると、どの子もどの子も、勝手に図書館への階段をのぼっていくのでした。

図書館のすばらしいところは、「お試し」で絵本が読めることです。自分の知らない本、書店で見ても買わなそうな本も、こどもが選んで来たらひとまず借りてみて、読んでみることができるのです。こどもが喜ばなくても、親の好みと違っても、また他を借りればいい。そのなかから親子で大好きになる絵本と出会えたら幸せです。

「絵本を読むこと」の大切さが多く語られているためか、「おはなし会」を実施すると、絵本の読み方について質問をいただくこともあります。

「絵本をかじる」「読むのを聞いていないで、ページをめくるのが楽しいだけ」「最後まで聴いていられない」などなど、大人の思う「絵本の読み方」と違う行動をするこどもたちを前に、「せっかく絵本を読もうと思ったのに……」と、ちょっとがっかりした気持ちになってしまうのかもしれません。

でも、そんな、ちょっと困った行動も、こどもなりに、お父さんお母さんが「これ楽しいよ」と持ってきた未知の物体を、なんとか知りたいと思っている前向きさの表れかもしれません。

一冊のなかに一ページ、お気に入りの絵があって、それだけを楽しみに待っていて、それを見ることができたら、その子にとってその絵本は「目的達成」なのかもしれない。自分の手でページをめくる、という行為によって、どんどん絵が変わっていくさまが楽しいのかもしれない。

そうね、今はそれでいいのね、と思いながら、焦らずいっしょに絵本を遊べればいいと思います。

とはいえ、絵本の絵や物語を味わうことの楽しさは、ぜひこどもたちに知ってもらいたいものです。

絵や物語を味わうことができれば、その先に、ものすごく大きなわくわくが待っています。インドア派にもアウトドア派にも、はたまた、どんな興味を持つこどもにも、何か響く要素があると思いますし、絵本を使うと遊びの楽しみがさらにひろがるだろうなぁ、とも思うからです。

大人にできることは、「絵本のすばらしさをわが子に教えてあげましょう」なんて思わないで、ただただ、大人自身が絵本に楽しそうにふれつづけること。そして、こどもが興味を示したら、その興味にじっくり付き合うことだと思います。

「絵本が好き」なお子さんの多くが、大好きな絵本を、数えきれないほどにくり返しくり返し読んでもらった経験を持っているのです（夜寝る前に五回……なんてエピソードも、よく聞きます）。

おひざの上で読むのがいいとか、声色は変えないほうがいいとか、ページはゆっくりめくりましょうとか、いろいろなアドバイスがあります。

アドバイスは、自分たち親子にしっくりくるものは、取り入れたらいい。けれど、そのことを大事にするあまり、こどもの気持ちに添っていなかったら意味がありません。おひざに座るんじゃなくて、ママの横でゴロゴロしながら声だけ聴いていたい気分のときや、絵本もママも両方見ていたいときもあるかもしれません。それならそれでいいので、まず絵本と仲良くなることを大事にできたら、すてきです。

絵本を生活につなげることも、絵本の楽しさを感じるひとつの方法です。

絵本の中にトマトが出てきたら、「じゃあ、絵本みたいなトマト買いに行こうか」と、近くの八百屋さんやスーパーに行くと、いつもの買い物が、ちょっとしたイベントになります。絵本の中で動物たちが遊んでいた「いないいないばぁ」を親子でやってみるのも、こどもたちは大好きです。

「言葉」も日常に活用できます。こどものクチをふく、着替える、おでかけ、失敗したときに立ち直る……など、日常の情景のなかに、絵本で登場する「決まり言葉」をおまじないのように使うのです。

絵本の情景を親子で共有できていると、言葉ひとつ使うだけで、自分の日常が絵本ごっこのような遊びの世界になります。イヤがっていた「クチをふいてもらう」ことが、絵本の決まり言葉ひとつで、楽しいことに変わったりするのです。

絵本の持つ無限の世界を、大人とこどもがいっしょに味わえたら、親子の世界はますますひろがっていきます。

こどもの世界をひろげ、
好きなことにたくさん出会えるように、
新しい興味にふれるチャンスをつくりましょう。

おもちゃを選ぶ

大人が整えることができる遊び環境の要素のひとつに、おもちゃを選ぶことがあります。遊びのためのどんな道具を選べばいいのか、お伝えしたいと思います。

おもちゃじゃなくても遊べるもの

こどもが遊ぶためのもの、というと、市販のおもちゃを連想しがちですが、きちんと名前のついたおもちゃがなくても、こどもは充分に遊ぶことができます。

親戚や友人のお子さんにおもちゃをプレゼントしたら、中身よりもおもちゃの入っていた箱や、かさかさと音のするビニール袋に興味を持っていて、大人どうしはちょっぴり気まずかった、というエピソードもよく耳にします。

市販のおもちゃではないもの、たとえば、ヨーグルトやゼリーの空きカップは、ままごとのお皿にもなるし、ちいちゃな人形のお家にもなります。木の枝があれば、あたりをたたいてみたり、地面を掘ったり、長さを競ったりして遊びます。たくさん集めて、束ねるだけでも遊びになります。

せんたくばさみ、ラップの芯、紙皿や紙コップ、どんぐりや葉っぱ、梱包材、紙袋や箱などなど、こどもが遊べるものは、生活のなかに数多くあります。

息子が小さいとき、渋谷にあった児童センター「こどもの城」のイベントで牛乳パックの積み木で遊びました。

牛乳パックふたつの口を開き、片方の口にもう一方の口を入れて、丈夫な角柱にする、というシンプルなものです。中にビーズやペットボトルのフタが入っているらしく、振ると一つずつ違う音がしました。

大量の牛乳パック積み木の中に埋もれて遊んだことが楽しくて、その後、自宅でもしばらくつくりつづけました。二リットルで積み木ひとつなので、最初のうちはなかなか増えないのですが、ある程度の量になると、いろいろな使い方ができます。適度な強度がありますが、軽くてあたってもあまり危なくないので、並べて電車にした上に座ったり、平均台みたいに上を歩いても、こども一人の体重くらいではつぶれません。

椅子や机にしたり、こどもの周りを囲んだりと、かなりいろいろに遊びました。最後には、井形に積んだら、天井に届きそうな高さになるほど集めましたが、遊び終わったら全部切り開いて古紙回収に出しました。

身近な素材でも、何に興味を持つのかや、どんなふうに遊ぶのかは、年齢によってもこどもによっても変わります。箱なら何でも電車に見えてしまう子もいれば、箱のなかに物を入れたり出したりすることがいちばんの遊びになる子もいます。

こどもが遊ぶための道具は、市販のおもちゃに限らないということを、まず意識しておきたいと思います。

そして、こどもが何で遊べるのか、何に興味を持っているのかを意識して観察しておくと、市販のおもちゃを選ぶときにも参考になります。

おもちゃは足りないくらいでちょうどいい

こどもは見立てることが大得意です。おはじきや、荷造りひもや、梱包材を食べ物に見立てて、当たり前のようにおままごとをします。

ところが、きちんとカタチになっている、すてきなおもちゃの食べ物を準備すると、「トマトがたりない」とか「ケーキがほしい」などと言い、「そのものがないと遊べない」状態になってしまう場合もあるのです。

ほどほどのツールがあれば、それをきっかけにして遊びを始められるけれど、なければないなりに、こどもは自分で工夫したり想像力で補ったりする力を伸ばすのです。

まぁちゃんは、お母さんがむかし使っていた携帯電話で、上手に遊んでいました。「もしもし。うん、うん。じゃあ、いまから、おむかえにいくからね」などと、大人の真似をして電話で話したり、「はい、しゃしんとりますよー」と電話を構えて写真を撮るマネをしたり。

お母さんは、まぁちゃんが遊ぶ様子を微笑ましく思って、市販の携帯電話のおもちゃを買ってあげたそうです。ボタンを押すと音がなったり、声が聞こえたりする簡単なものです。まぁちゃんは喜び、何度もボタンを押して、プルルッて音がするね、もしもしって言ったね、と喜んでいました。

けれど、そのおもちゃを使うようになってから、ほんとうはいない相手と上手に通話したり、写真を撮ったりすることはなくなりました。最初の携帯電話は、何も機能がないから、何にでもなったのです。

こどもにおもちゃを選ぶのはとても楽しい時間です。新しいおもちゃ、こどもが興味を持ちそうなおもちゃを見ると、つい、買ってあげたい気持ちになります。

けっして、おもちゃは買わないほうがいい、というつもりはありません。私自身、メーカーで働いていたときは、こどもたちが喜んでくれる様子を想像しながらおもちゃの企画を考えていましたし、こどもの世界をひろげるためにおもちゃにしかできない役割もあると考えています。

だから買うときに、ちょっと気に留めておいてください。

おもちゃは、ちょっと足りないくらいが、ちょうどいい。

そして、数をしぼって買うおもちゃだからこそ、自分の感覚でよくよく吟味して、ほんとうにわが子が喜ぶものを選んだらいいと思います。

いいおもちゃとは　どんなおもちゃか？

どんなおもちゃが「いいおもちゃ」ですか、と聞かれると、私は「ひとつで三通り以上の遊びができるもの」と答えています。

デジタルおもちゃのゲームモードが三種類ある、ということではありません（デジタルなゲームはモードがどんなにたくさん入っていても、遊びとしては一通りだと考えています）。

たとえば、「ひも通し」があれば、名前どおりにチップにひもを通してもいいし、チップをお金に見立ててお店屋さんごっこをしてもいいし、チップを床に並べて数を数えることもできます。

つまり「三通り」というのはたとえで、ひとつの決まった遊び方だけではなくて、こどもが考えてどんどん遊び方を変化させられるものが、いいおもちゃ。そんな意味です。

そのような基準にあてはまるおもちゃは何かと考えると、積み木やブロックのようなシンプルな構造を持つもの、絵を描いたり工作したりする道具、ままごとやお人形ごっこなど状況設定次第でどんなふうにも遊べるおもちゃ、トランプや将棋などの古典的なゲームなどが思い浮かびます。

選ぶときには、こどもの興味に合致するかどうかがいちばんのポイントです。

そして、「頭がよくなる」などの下心がなく、心おきなく遊ぶことができるものがいいです。

また、素材も選択基準のひとつです。布や木など自然素材がよいという考え方もあるし、ブロックのようなかっちりとはまる遊びをしたいからプラスチックのブロックを買う、という時期もあると思います。

ただ、布や木のような自然素材には想いがこもっていて、大量生産のおもちゃはそうではない、というわけではありません。おもちゃに想いをのせ、物語をつむぐのは、つくり手ではなく、それを選ぶ大人たちであり、こども自身です。

親子でよく吟味したおもちゃを、たっぷりと遊びこむことで、個々のおもちゃに物語が生まれれば、すてきです。

手づくりおもちゃ

おもちゃを手づくりすることもおすすめしています。

手づくりおもちゃは、一部の手芸が上手なお母さんや、絵のかけるお父さんのためのものではありません。

大事なことは、こどもが「自分だけのためにつくられたんだ」と実感すること。三十分で壊れてしまうような紙工作、パクパクとクチをひらく折り紙のようなものでいいので、まずは、つくったもので遊ぶ、というところから始めていけば、おもちゃを手づくりすることへのハードルも下がることと思います。

手づくりおもちゃをわが子につくってあげるときのコツは、つくっている過程を見せることと、少しでもこどもの意見を取り入れることです。

紙コップと厚紙、ひもで作った動物たち。

手芸など、制作途中は危ないから見せにくいものは、布をいっしょに選び、布を切っただけの状態を見せておいてから、完成したものを渡す、など、要所だけでもいいのです。

その過程を見せることで、こどもは「自分だけのためにつくられた」ことを実感します。布の色やモチーフの形など、ちょっとしたことでも自分の意見が取り入れられると、思い入れはよりいっそう深くなります。

そして、おもちゃが手づくりできることを知っているこどもは、何かがほしいときに、自分で工夫すればなんとかなることを学んでいます。

息子が小さかったときには、ペットボトルにビーズを入れただけのもの、思いついて空き箱を切り抜いたものなど、簡単なものを、ちょこちょことつくってみました。

絵合わせカード。
同じ絵を見つけて遊びます。

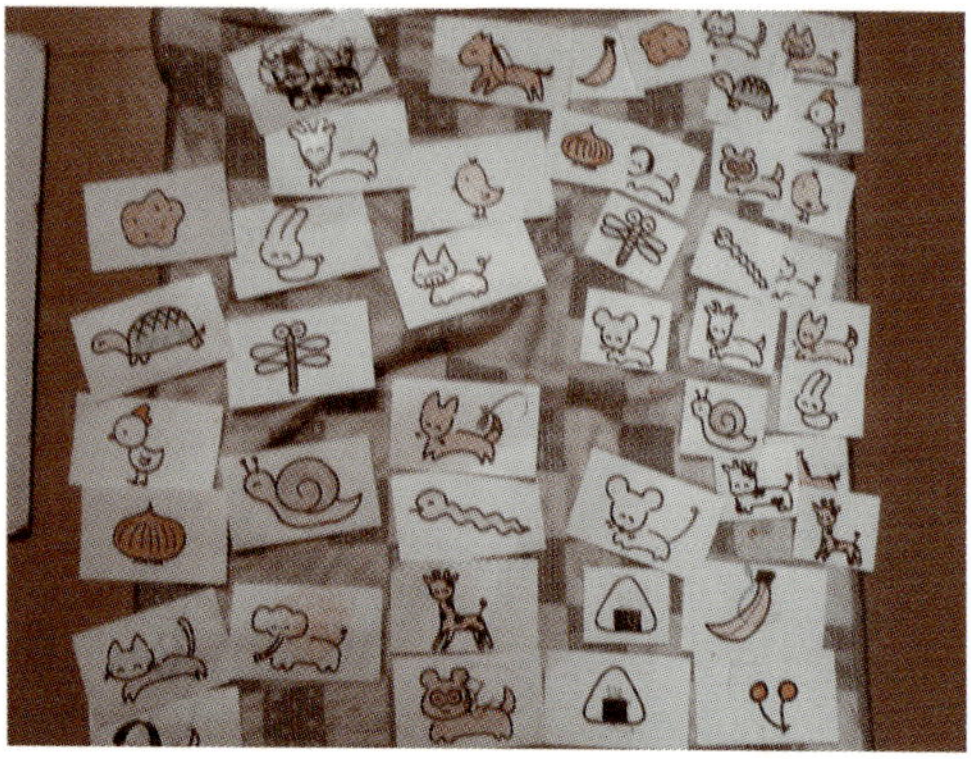

息子に意見を聞きながらつくったのにできあがったことに満足して結局遊ばなかったものや、最初から見向きもしなかったもの、渡した瞬間に壊れたものもありますが、そのうちの二つ三つは長く遊び、そのまま妹にも引き継がれました。

とりわけ息子がよく遊んだのは、絵合わせカードでした。名刺サイズの用紙に、息子の好きな絵を描いたものです。同じ絵を描いたカードを二枚ずつつくり、たくさんのカードのなかから、同じ絵を見つけて遊びました。

一枚ずつ、「次は何の絵にしようか?」と相談しながら絵を描き、時には息子が色を塗ってつくったカードは、同じもの探しの大好きな息子の、お気に入りのおもちゃでした。

ところが妹の遊び方を見ていても、どうも兄ほどの思い入れがありません。妹にとっては、「もうできあがったおもちゃ」は「手づくりおもちゃ」とは認識されなかったらしいのです。

息子と私が楽しかったのは、何をつくろうかと相談したり、あれこれ工夫したり、というつくる過程も含めた遊びだったようです。

大事なのは手づくりかどうか、というよりも、自分だけのためのもの、という想いの有無なのかもしれません。

こどもの興味にあった、
遊び方の自由度の高いおもちゃを
少な目に与えましょう。

あそびは未来をひらく

chapter 4

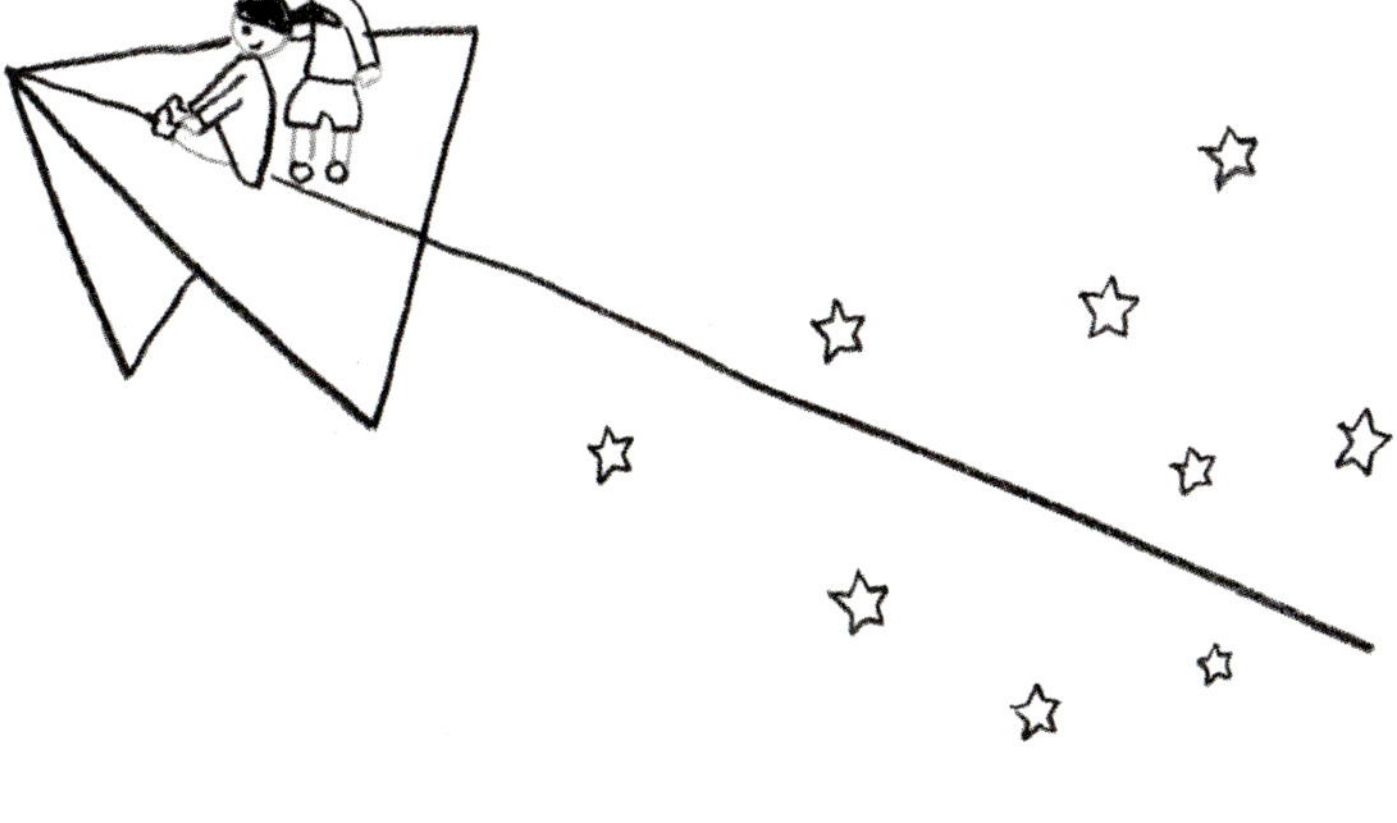

「遊ぶのが仕事」だったこどもたちは、あっという間に、小学生になり中学生になり、「遊んでばかりいないで勉強しなさい」と言われるようになります。

そして、それぞれの形で大人になり、自分の道を歩んでいきます。

大人になったころには、遊びを通して学んだことはすっかり自分の一部になっていて、小さいころの遊びが自分のどの能力とつながっているのかなんて、意識することもないかもしれません。

私が就職活動をしていたころは、自身の強みや弱み、働き方への考え方や興味関心を自覚する「自己分析」の一環として「小さいころから自分の好きだったものを思い返す」ことを勧められました。

こどものころ好きだったことや興味を持っていたことを掘り起こし、そこから就職につながる自分の関心や情熱に気づく、という趣旨でした。

ひとつのことに打ち込んだ経験のある友人がうらやましかったことを覚えています。

サッカー少年がスポーツ用品の技術開発に関心を持ったり、小学生のころからファッションに関心が高かった友人がアパレル業界を目指したりする話を、ある種の理想的な、「こども時代と将来のつながり」だと感じていました。

そして、こどものころに好きだった遊びはあっても、就職や自分の将来に結びつけるほど情熱を注いだものを持っていない自分に、がっかりしていました。

なんだ、自分ってつまらない人間だな、なんて思ってしまったのです。

けれども、こどものころ「大好きだったもの」と、大人になってからの自分とのつながりは、「好きなことをそのまま仕事にする」というだけの単純なものだけではないと、今では考えています。

今までこどもの遊び風景を見てきたように、遊びを通してこどもたちは多くの学びを得ています。

能力を表す一般的な言葉にあてはめると「好奇心」「創造力」「向上心」「チャレンジ精神」「集中力」「課題解決能力」「コミュニケーション能力や社会性」……と、成長のすべてが遊びのなかにあると言っていいと思います。

なぜなら遊びは「わくわくすること」だからです。

「(積み木を) 積むこと」や「(絵を) 描くこと」や「(公園を) 走ること」という行為

が遊びなのではなく、こどもの心が動くことこそが遊びだからです。

他者から、「社会性を身に付けるためにサッカーをしましょう」と言われてサッカーをしても、こども自身に「やりたい」というわくわくする気持ちがなければ、それは遊びでもないし、得るものもあまり多くはありません。

けれど、「サッカーがしたい」そして「うまくなりたい」「強くなりたい」とこども自身が強く思うならば、たゆまず練習したり、チームメイトと協力したり、新しい技術を研究したりと、意図せずに自身を成長させていきます。

「わくわく」のパワーははかり知れません。

わくわくすること、つまりは好きなことをエンジンとして、自分のなかから引き出された、あるいは、日々の積み重ねのなかから獲得した能力や心持ちの組み合わせが、大人になった自分の強みになるのだと考えています。


そして、もうひとつ「わくわくすること」には、大事な要素があります。

それは、わくわくする気持ちのなかから、自分らしさを見出すことができる、ということです。

好きな遊び、没頭した遊びには、どうして好きなのか、言葉でわかりやすく説明できる理由のないものが大半です。

でもそこには確かに、心躍る何かがあり、関わりつづけた時間と熱意があります。それこそが、自分らしさを形づくると思うのです。

キッザニアでバスガイドの仕事をくり返し楽しんだ少年の「わくわく」の正体は、バスガイドの仕事ではなくて、「人前で話をする」ことだったかもしれません。

ボストン美術館での作品づくりに没頭した息子が「わくわく」を感じたのは「想像を形にする」ことで、その対象は工芸でも絵でも彫刻でも何でもよかったのかもしれません。

そんな「わくわく」する気持ちの元にある自分の興味・楽しさ・得意なことだと思う自信……いわば、わくわくの核みたいなものが、自分らしさであると思うのです。

わくわくの核を認識することはずっと後だったとしても「これがあればわくわくする」「これが好き」と言えるものが日常のなかにあれば、毎日が楽しくなります。こどもたちの発する「毎日楽しいよ」という言葉は、大人流に言えば、「自分の人生に満足している」というくらい、深い充足感だと思うのです。

自分ってつまらない、と思った私の就職活動ですが、唯一私が人に誇れたものは、高校時代から七年間つづけてきた「こどもとの活動」の積み重ねでした。

ボランティアとしてつづけてきた「こどもと遊ぶ活動」は、こどものためというより、私自身がやりたいからつづけてきた、まさに「あそび」。

そう気づけば、私にとって納得できる仕事のあり方は、こどもたちと関わりつづけられることにほかなりませんでした。

ならば、これから出会うこどもたちが社会への入り口に立とうというときに、私のように「自分ってつまらない人間だな」と感じてしまうことのないように、こどもたち一人ひとりが、ほんとうに自分の大好きなことに出会えるような、わくわくするきっかけをたくさんたくさんつくっていくことを私の仕事にしよう。そう思うに至り、今につづいています。

そして今では、こどもたちや親御さんといっしょに過ごす時間のなかから、私自身がたくさんのわくわくをいただいています。

絵本をじいっと見つめるこどもの姿、シール貼りに熱中してぴくりとも動かなくなった表情、楽しくって同じところをぐるぐると駆け回りつづける興奮、そんな身体いっぱいにわくわくがあふれ出ているこどもの姿に出会えることが何よりうれしく、この時間がずっとずっとつづけばいいのにと思うこともあります。

そんなこどもたちの姿から、私自身が「わくわくすること」を教わり、あそびの持つ魅力に気づいたように思います。

そしてまた、こどもたちと関わりつづける仕事は、こどもの視点での気づきを得る経験でもありました。

とりわけ、職業・社会体験施設であるキッザニア東京の創業のなかでは、こどもたちとともに「しごと」というものと向き合い、今では仕事とは、「だれかに喜ばれることを、自分の喜びにできること」だと考えるようになりました。

だれもが社会のなかで自分の役割を担い、だれかの役に立ちながら生きている、その役割のあり方、社会との関わり方が「仕事」。そんなふうに意味づけています。

だから、職業だけが仕事ではないし、収入の有無や多寡も問題ではない。そして、仕事を選ぶことは、生き方を選ぶことにもつながると考えています。

自分の大好きな遊びを持ち、毎日わくわくを感じているこどもたちが、自分の毎日への充足感を持ちつつ大人になり、その充足感を満たすような仕事を選び、だれかに喜ばれるならば、それはまさに「幸せ」と言えると思うのです。

大好きなことにすぐに出会うこどももいれば、いろいろなことを試したり、いろいろな遊びや体験を経るなかから、時間をかけて見つけるこどももいます。また、大好きなことは、ひとつとは限らない。いくつあってもいいはずです。

だから、仕事の上でも母親としても、こどもたちには、さまざまなタイプの遊びと出会うチャンスを、たくさんつくっていきたいと思うのです。

キッザニアやコンサート、イベントのような特別な体験のなかから「好き」に出会うこともあるし、日常のなかから「好き」に出会うこともあります。いずれにしても大事なのは、「わくわくすること」。

目いっぱい遊ぶこと、そして、遊びを通して、自分の「好き」に出会うこと。

「好き」なことを、思い切り楽しみ、自分がどんなときに充足するのかを知り、幸せな気持ちを実感すること。

そのことこそが、自分らしい未来を生きることです。


遊びは未来につながります。

こどもたち一人ひとりの未来が、その子らしく輝くように……

今日も、あそぼう。

● 著者

しみずみえ

こども×おとな×しごとプロジェクト代表。あそびコーディネーター。

玩具メーカーでの企画開発、KCJ グループ㈱でのキッザニア東京の創業、こども向け体験プログラムやキャリア教育プログラムの企画運営などに携わる。2009 年より、「こどもと遊び」をテーマとした各種ワークショップを実施。2014 ～ 15 年ボストン在住。現地でのこども向けプログラムに触れる傍ら、在米日本人向けの「おはなし会」を主催。

現在は、おとな・こどもが共に自分らしさを育むことを目指し親子で絵本や遊びを味わうワークショップの企画・運営や保護者向け講座、こども向け体験プログラムの企画などを行う。2 児の母。

http://kocp.net/

● 英治出版からのお知らせ

本書に関するご意見・ご感想を E-mail（editor@eijipress.co.jp）で受け付けています。また、英治出版ではメールマガジン、ブログ、ツイッターなどで新刊情報やイベント情報を配信しております。ぜひ一度、アクセスしてみてください。

メールマガジン　：会員登録はホームページにて
ブログ　：www.eijipress.co.jp/blog/
ツイッター ID　：@eijipress
フェイスブック　：www.facebook.com/eijipress

あそびのじかん

こどもの世界が広がる遊びとおとなの関わり方

発行日　2016 年 7 月 25 日 第 1 版 第 1 刷

著者　しみずみえ
発行人　原田英治
発行　英治出版株式会社
〒 150-0022 東京都渋谷区恵比寿南 1-9-12 ピトレスクビル 4F
電話 03-5773-0193　FAX 03-5773-0194
http://www.eijipress.co.jp/
プロデューサー　高野達成
スタッフ　原田涼子 岩田大志 藤竹賢一郎 山下智也 鈴木美穂 下田理 田中三枝 山見玲加 安村侑希子 平野貴裕 山本有子 上村悠也 田中大輔 渡邊吏佐子
印刷・製本　中央精版印刷株式会社
イラスト　須山奈津希
校正　小林伸子
装丁　英治出版デザイン室

ISBN978-4-86276-217-7 C0077 Printed in Japan

成功する子　失敗する子　何が「その後の人生」を決めるのか

ポール・タフ著　高山真由美訳

人生における「成功」とは何か？　好奇心に満ち、どんな困難にも負けず、なによりも「幸せ」をつかむために、子どもたちはどんな力を身につければいいのだろう？　神経科学、経済学、心理学……最新科学から導き出された一つの「答え」とは？　気鋭のジャーナリストが「人生の大きな謎」に迫った全米ベストセラー。

定価：本体 1,800 円＋税　ISBN978-4-86276-166-8

未来のイノベーターはどう育つのか　子供の可能性を伸ばすもの・つぶすもの

トニー・ワグナー著　藤原朝子訳

好奇心とチャレンジ精神に満ち、自分の頭で考え、枠にとらわれず新しいものを創り出す。あらゆる分野でますます求められる「イノベーション能力」はどのように育つのか？　起業家、エンジニア、デザイナーなど各界の第一線で活躍する人々の成長プロセスを家庭環境までさかのぼって考察した異色の教育書。

定価：本体 1,900 円＋税　ISBN978-4-86276-179-8

フージーズ　難民の少年サッカーチームと小さな町の物語

ウォーレン・セント・ジョン著　北田絵里子訳

米国ジョージア州の小さな町で、一つの少年サッカーチームが生まれた。生まれも人種も、言語も異なる選手たちの共通点は、難民であること。だれにとっても、どんな場所にでも生まれうる世の中の裂け目と、それを乗り超えていける人間の強さを描く。全米の共感を呼んだノンフィクション。

定価：本体 2,200 円＋税　ISBN978-4-86276-062-3

学習する学校　子ども・教員・親・地域で未来の学びを創造する

ピーター・M・センゲ他著　リヒテルズ直子訳

学校と社会がつながれば、「学び」は根本から変わる！　自立的な学習者を育てる教育、創造力と問題解決力の教育、それぞれの学習スタイルに合った教育、グローバル市民の教育……世界 200 万部突破『学習する組織』著者ら 67 人の専門家による新時代の「教育改革のバイブル」、遂に邦訳。

定価：本体 4,800 円＋税　ISBN978-4-86276-140-8

「社会を変える」を仕事にする　社会起業家という生き方

駒崎弘樹著

20 代の元 IT ベンチャー経営者が、東京の下町で始めた「病児保育サービス」。多くの人々の支持を得て、それは瞬く間に各地に広がった。「自分たちのまちを変える」ことが「日本を変える」ことになる！　NPO 法人フローレンスの代表が語る、汗と涙と笑いにあふれた、感動の社会変革リアル・ストーリー。

定価：本体 1,400 円＋税　ISBN978-4-86276-018-0